KB064218

고인돌과 산의 생명형상

선인들이
아로새긴 숨결

고인돌과 산의 생명형상 上

발행일 2015년 12월 25일

지은이 유자심
펴낸이 유영미
펴낸곳 인왕출판사
출판등록 2015-000335
주소 서울시 마포구 상암산로 1길 24, 404동 1001호
전화번호 02-308-2356 팩스 02-308-2356

ISBN 979-11-956665-1-5 04910
979-11-956665-0-8 04910(SET)

고인돌과 산의 생명형상

선인들이
아로새긴 숨결

上

유자심 지음

인왕출판사

머리글

전작과 블로그를 통하여 고인돌과 산의 암반 혹은 바위에 생명형상이 새겨져 있음을 설명하였다. 하나의 고인돌이나 바위에 수많은 생명형상이 새겨져 있어, 가능한 한 많은 형상을 찾아내 실으려 했다. 하지만 이 과정에서 어느 정도 뚜렷하지 않은 형상도 싣다 보니 형상의 존재를 잘 알아보지 못하는 것으로 판단되었다.

선인들은 형상을 새길 때 뚜렷하게 새기는 것에 주안점을 두지는 않은 듯하다. 무심코 보면 자연 바위로밖에 보이지 않는 것들이 대부분이다. 만약 현대의 조각품처럼 뚜렷한 형상들로 조성되어 있다면 인공미가 가득한 곳이 되어 보기에 불편할 것이다.

이 책에서는 형상이 새겨져 있다는 것을 알아볼 수 있도록, 형태가 뚜렷한 형상 위주로 정리해 싣기로 한다. 뚜렷한 모양으로, 고인돌과 산의 암반 혹은 바위에 생명형상이 새겨져 있다는 것이 잘 드러날 거라 예상한다.

2015년(을미년), 가을

차례

2장 산에 나타나 있는 인위의 흔적

3장 산의 암반에 나타나 있는 생명형상

4장 공룡발자국화석지의 생명형상

1장

고인돌의 생명형상

1. 서언

세계 고인돌의 절반 이상이 우리나라에 있다 한다. 수만 기의 고인돌을 모두 답사하기는 거의 불가능할 것이다. 크기와 조형미까지 갖춘 강화 하점면 부근리 고인돌, 다양한 형태와 크기의 고인돌이 밀집된 고창고인돌, 밀집된 고인돌과 채석장이 함께 있는 화순고인돌이 답사의 우선순위가 될 듯한데, 필자도 이 세 곳을 먼저 답사하였으며 이후 다른 곳의 답사 필요를 크게 느끼지 않았다.

다양한 형태의 많은 수의 고인돌이 진열되어 있어 다른 곳의 고인돌도 이 범주에서 크게 벗어나지 않으리라고 추정되었기 때문이다.

이후 우연한 기회에 몇 곳의 답사를 더 하며 느낀 것은 가장 잘 알려진 세 곳에는 다양한 형상이 새겨져 있으나 뚜렷한 사람의 형상이 아주 적은 데 반하여, 크기가 크지 않고 밀집도도 낮아 거의 주목받지 못하였던 고인돌군에는 뚜렷한 사람 형상이 다수 새겨진 경우가 있다는 것이었다.

또한 강화 하점면 신삼리고인돌을 제외하고는 세 곳에 있는 많은 고인돌에 쐐기홈이 나타나 있지 않은데, 다른 지역에서는 쐐기홈이 새겨진 것을 다수 발견할 수 있었다. 세 곳의 방문만으로는 고인돌의 다양한 모습과 특징을 아는 데 한계가 있었던 것이다.

형상이 나타나 있는 것처럼 보이더라도 이는 바위가 풍화되었기 때문이라 생각하는 사람들이 있다. 그러나 비슷한 시기에 조성된 것으로 보는 울주 반구대 암각화, 천천리각석 등 얕게 새겨진 암각화 문양들이 군데군데 끊기거나 지워지지 않고 온전한 상태인 것을 고려하면 풍화로 바위가 거의 변형되지 않은 것이라 보아야 한다.

특히 안동 임동면 수곡리 암각화는 수평한 암반 면에 새겨져 있는데, 비가 정면으로 내리치고 겨울에는 눈이 쌓여 얼었다, 녹았다를 반복하는 곳이다. 그런데도 얕게 새겨진 암각화들이 그대로 남아 있는데, 비슷한 시기에 조성된 고인돌 바위들만 풍화로 변형될 수는 없을 것이다.

고인돌 바위 면에 가끔 식물이 자라는 경우가 있는데 이 식물 뿌리의 침투나 사람에 의한 훼손이 아닌 경우, 풍화의 영향만으로는 고인돌이 조성된 이후 거의 변함이 없다고 보아야 한다.

2. 여러 지역의 고인돌

1) 강화고인돌

강화 하점면 부근리의 대표 고인돌 옆에 서 있는 듯한 모양의 고인돌이 있는데, 이 고인돌의 양면에 사람 형상이 새겨져 있다.

〈교산리고인돌〉

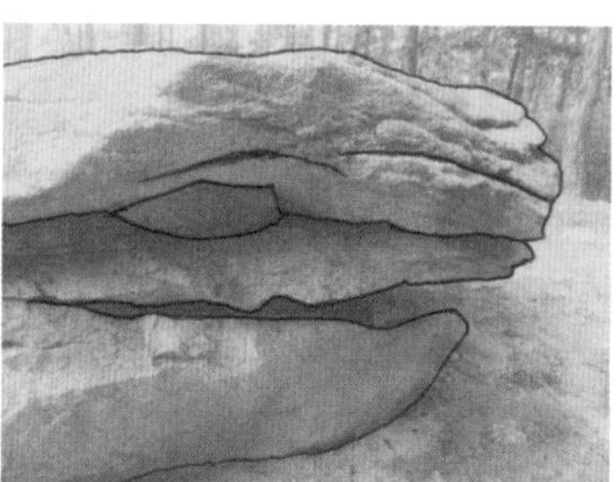

〈대산리고인돌〉

주름처럼 굴곡지게 바위 면을 다듬어 형상을 표현하였다.

〈오상고인돌〉

언덕 위에 자리한다.

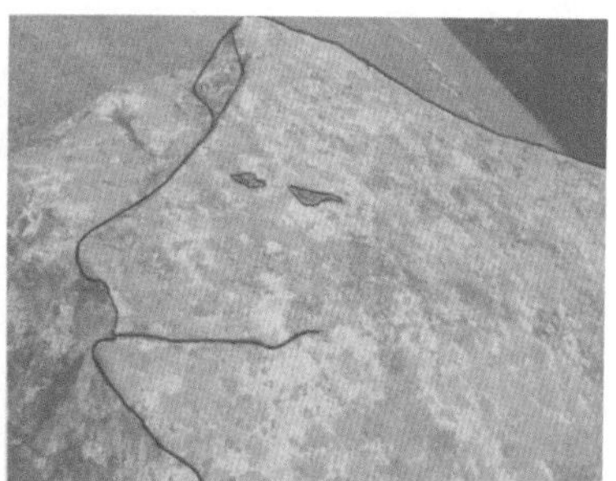

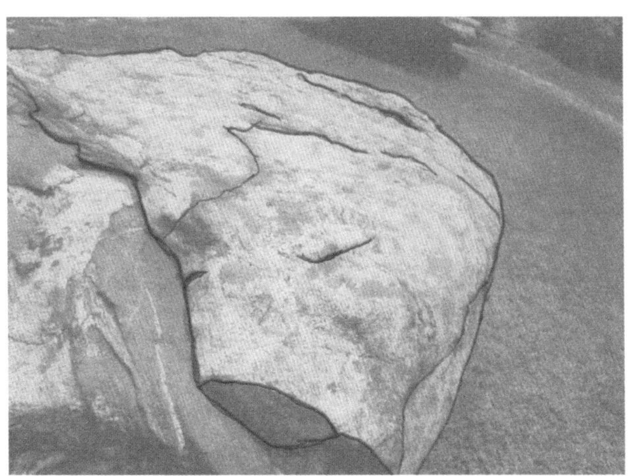

선으로 눈을 표시하였다.

2) 대전 대덕구 비래동고인돌

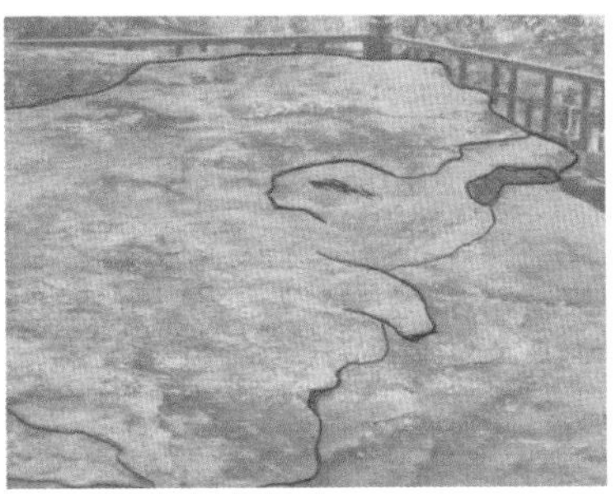

두 바위구멍(성혈)이 눈을 이루었다.

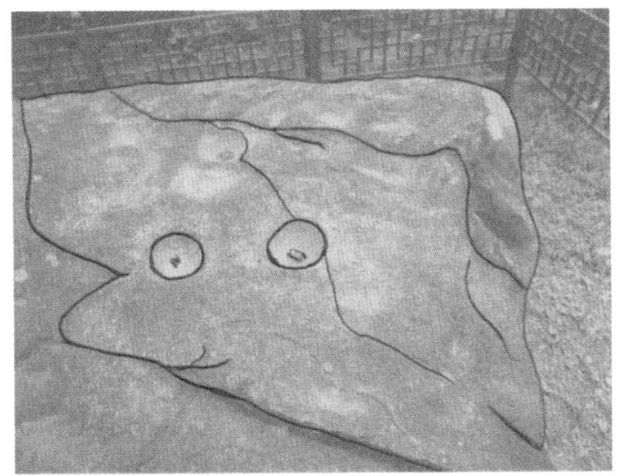

3) 양평 앙덕리고인돌

강화 대산리 고인돌과 유사하게 주름이 진 것처럼 바위 면이 굴곡졌다.

얕은 부조로 인물상을 나타냈다.

홈의 선과 다른 색감으로 형상의 윤곽과 눈을 표시하였다.

4) 이천 신둔면 지석리고인돌

바위의 복잡한 형태가 인물상을 이룬다.

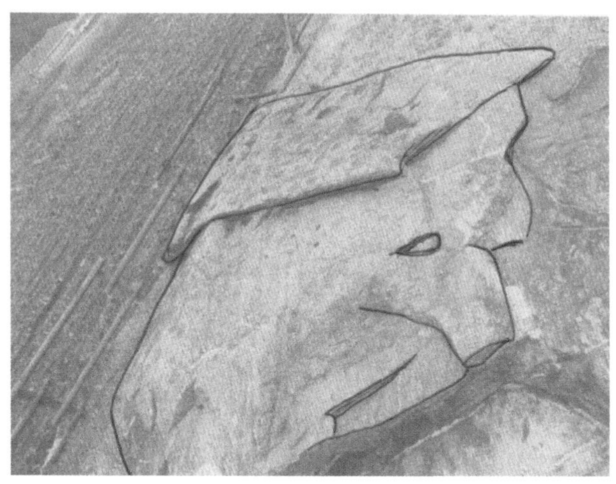

물이 고인 두 개의 바위구멍이 눈을 표현하며, 위쪽을 머리 형태로 다듬었다.

많은 수의 작은 바위구멍이 보이며, 일부는 형상을 조성하는 기능을 한다.

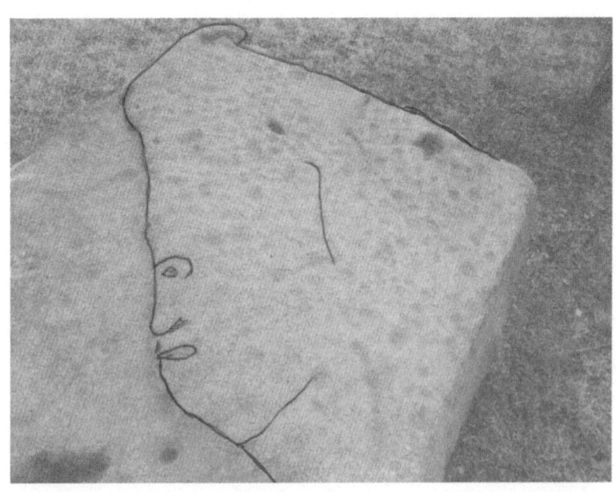

깊은 사색에 잠긴 듯하다.

부조로 조성된 뚜렷한 형상.

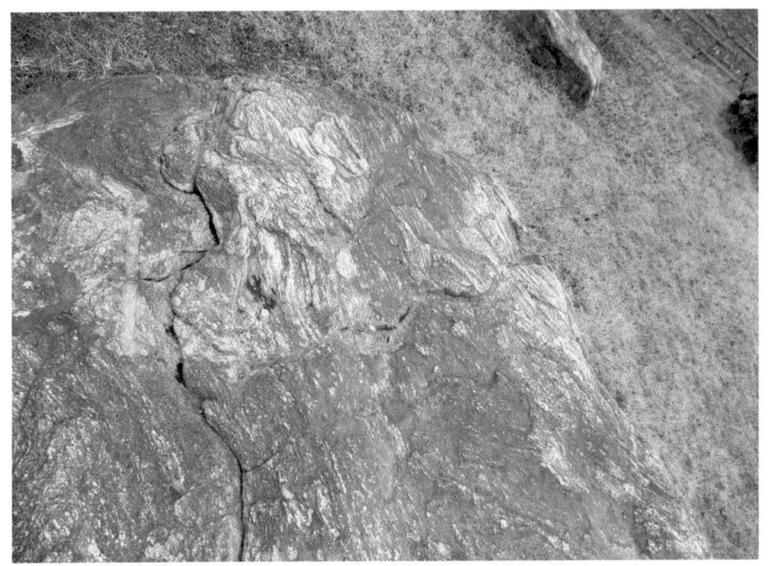

눈, 코, 입, 얼굴과 머리카락 구분 선이, 그린 듯 잘 나타난다.

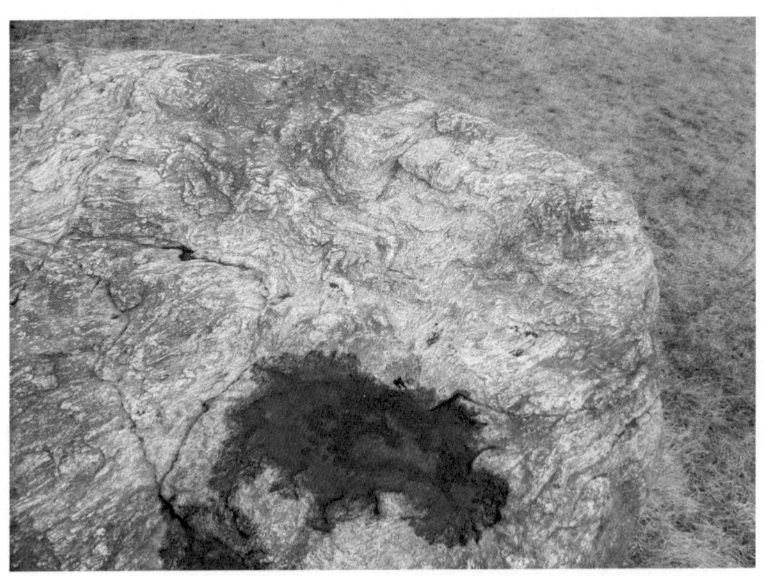

5) 충주 동량면 조동리고인돌

안내판에 '3층 구조의 특징을 이루고 있으며, 보존 상태도 매우 양호하다.'고 쓰여 있다. 위쪽 2층의 작은 바위들은 눈의 기능을 하는 것으로 보인다.

6) 고창 고인돌공원

우측 부분이 날고 있는 큰 새처럼 보인다.

입구에 있는 고인돌에 새겨진 사람 형상.

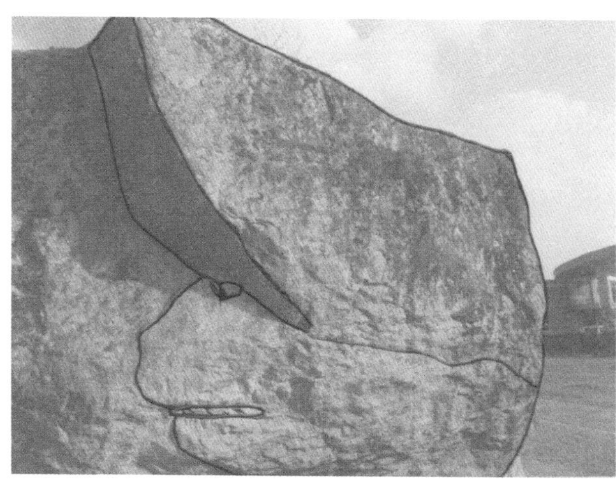

얼굴 형상. 많은 줄이 그어져 있다.

동물이 엎드려 있는 듯하다. 홈으로 눈을 표시하였다.

7) 고창 대산면 상금리고인돌

좌측 부분이 동물 형상을 이룬다.

포도송이 무늬 형태를 이용하여 형상을 새겼다.

양쪽에 형상이 표현되어 있다. 동물이 네 다리로 서 있는 듯하다.

위 고인돌의 반대 면에도 형상이 나타나 있다.

양쪽에 형상이 표현되어 있다.

동물이 먹이를 찾고 있는 듯하다.

8) 경북대 박물관의 고인돌

경북대학교 박물관 앞에 대구 상인동과 이천동의 고인돌이 옮겨져 전시되어 있다.

다음 고인돌에 많은 형상이 새겨져 있다.

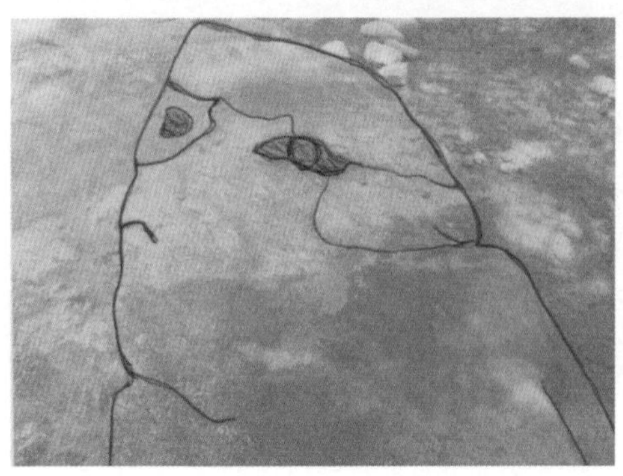

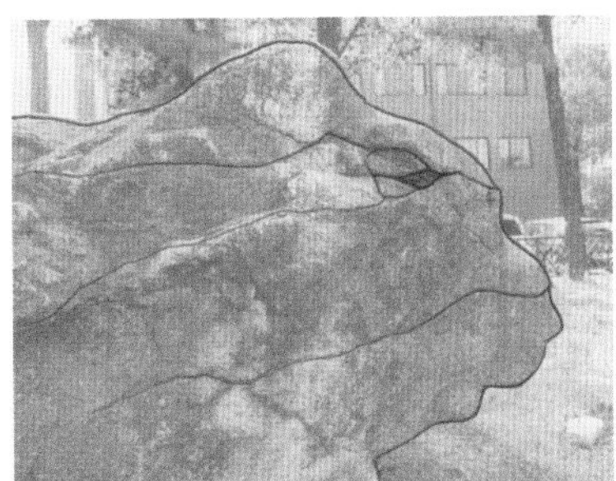

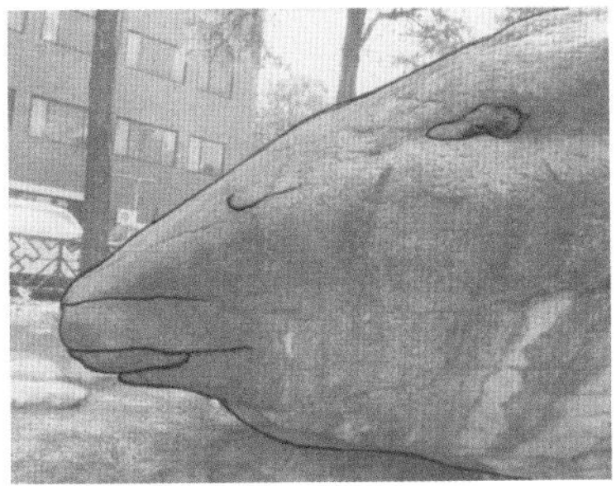

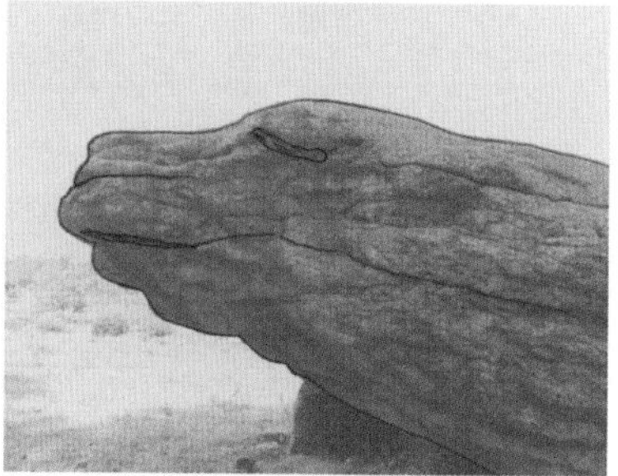

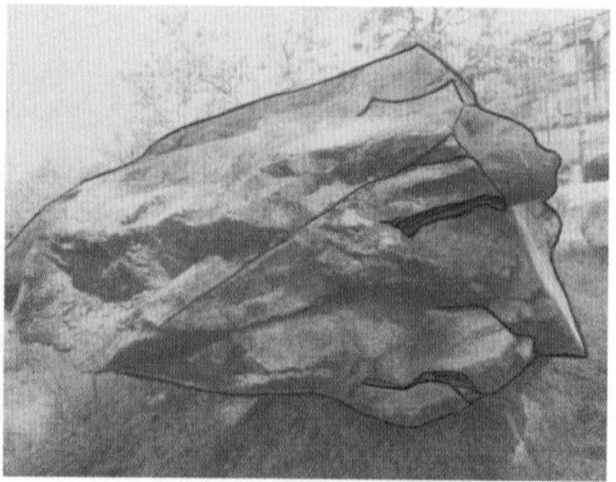

시멘트로 보이는 물질이 있다. 전작에서 이천 신둔면 지석리고인돌 5기에 모두 시멘트로 보이는 물질이 생명형상을 조성하는 데 관여하고 있는 것을 살펴보았는데, 이 시멘트로 보이는 물질에 대한 조사가 필요해 보인다.

푸른색의 물감처럼 보이는 물질이 흘러내리듯 나타난다. 위쪽에서 물이 흘러내릴 수 없는, 윗부분이 튀어나온 구조여서 자연적으로 생성되기는 어렵다. 이런 희귀한 현상이 고인돌에 나타나 있다면 이는 자연적인 것이 아니라 추정하는 게 타당하다.

이를 활용하여 생명상을 새겨, 고인돌을 조성한 선인들에 의하여 형성된 것으로 보인다.

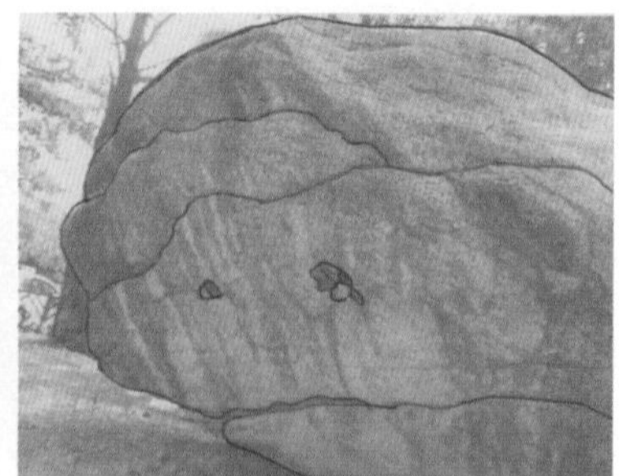

다른 고인돌에도 물감 비슷한 물질이 나타나 있다.

짙은 푸른색 부분이 눈을 표시한다.

푸른색뿐만 아니라 붉은색도 보인다.

이천 지석리고인돌은 5기 모두에 시멘트와 유사한 물질이 형상을 조성하는 기능을 하는 것이 특징이라면, 이천동고인돌은 색감이 많이 나타난 것이 특징이라 할 수 있다.

박물관에 이천동고인돌 출토 토기가 전시되어 있다.

이중 뒤쪽 가지무늬토기에 선이 그어져 있는데, 자연적인 금이 아닌 것으로 보이며, 여기에 인물상이 표현된 듯하다.

윗부분 형상의 입을 표시하는 곳이 아랫부분 형상의 눈이 되어 이중으로 인물상을 새기고 있다. 이는 고인돌 인물상의 가장 보편적인 표현법 중 하나다.

이천동고인돌 출토 토기에 생명형상이 새겨져 있는 것은 대단히 중요한 의미가 있다. 선인들이 고인돌에 생명형상들을 새겼다는 것을 증명하는 직접적인 증거가 되기 때문이다.

대구 지역은 원래 3,000여 기의 고인돌이 있던 고인돌 왕국이었으나 근래의 개발 과정에서 소수만이 남고 없어졌다 한다. 고인돌이 평지에 있었기 때문이기도 할 텐데, 이는 살아가기 위해 어쩔 수 없는 일이었다고 변명할 것이다. 세계적 여건과 시대의 흐름에 맞추어 살아온 현대인들을 탓할 수만은 없을 것이나, 마찬가지로 삶을 영위하였을 선인들은 고인돌을 설치하고 물려 주었다. 선인들이 고인돌을 남겼다면 현대인들은 이를 건축 자재 등으로 사용하여 없애고 콘크리트 더미만을 남기게 될 듯하다. 현대인들이 너무 편안한 생활을 추구하기 때문은 아닐까? 이런 상황을 최소화하기 위하여 지금 우리가 할 수 있는 일은 무엇일까?

몸의 건강과도 관련 있는 침대 생활에 대하여 논의해 보자. 침대는 공간을 너무 많이 차지한다. 침대가 공간을 차지하고 있어 우리 전통의 좌식 생활이 어려워졌다. 지금의 40대 이상은 10대나 20대 때 대부분 가부좌를 할 수 있었을 것이다. 그러나 지금의 10~20대는 가부좌가 되는 경우가 많지 않다. 점점 몸이 굳어 가는 것이다.

유연성을 측정해 보면 50~60대에 해당하는 청소년이 많을 것으로 보인다. 하체의 유연성이 점점 약해지는 데 반하여 키와 덩치는 커지고 있다. 이는 약한 교각에 무거운 상판을 올려놓는 것과 같은 것으로, 지금의 청소년들이 나이가 들면 약해진 체력 때문에 일에서 효율성이 떨어지고 병에 취약해질 수 있음을 의미한다.

의학계에서는 이러한 점을 고려하지 않고 수명이 점점 늘어 지금의 청소년들은 100세 시대를 맞이하게 될 거라 한다. 경고를 보내야 할 의학계가 잘못된 정보로 상황을 오판하게 하고 있다. 100세 시대는 지금의 40~50대 이상에만 해당하는 이야기일 것이다.

좌식 생활을 하는 것만으로 모든 문제가 해결되는 것은 물론 아니지만, 좌식 생활이 다리의 유연성을 증대시키는 것만큼은 분명하다. 침대 문화인 서양인들 대부분이 가부좌를 할 수 없다는 것이 이를 증명한다. 우리의 전통 방식인 좌식 생활은 건강에 유익하고 공간의 활용도를 높여 더 적은 폐기물을 남기고 자연 상태로 환경을 보전하는 기능을 한다.

집을 크게 짓기 위해 많은 농지가 훼손되는 것도 문제다. 당장은 식량을 수입하여 먹는다지만 세계적으로 지하수가 고갈되고 식량 생산이 줄어들게 될 것이라는 예측이 나오고 있다.

중국의 곡창 지대인 북중국 평원의 지하수면은 매년 1.5m씩 낮아지고 있다. 인도의 경우 펌프 등으로 퍼 올리는 지하수의 양이 빗물에 의하여 보충되는 양의 2배에 이르는 것으로 추정되고 있다. 수자원에 관한 세계적 연구 기관인 '국제 수자원 관리 연구소'는 현대의 추세가 계속된다면 인도의 식량 생산은 최대 4분의 1까지 감소할 것으로 전망했다. 미국 대평원의 남부 지역에서는 이미 오갈라라 대수층의 고갈로 관개 농지가 줄어들고 있다. 텍사스와 오클라호마, 캔자스, 콜로라도 주 등의 관개 농지는 지난 20여 년간 계속 감소해 왔다.[1]

---

1) 경향신문, 1999. 10. 18

미국 NASA에서 전 세계 지하 대수층 고갈이 매우 심각하다고 발표하였다.[2)]

먼 미래가 아닌 당장 시급한 문제가 될 수 있다는 것인데 국가적으로 이를 심도 있게 논의하고 대비하고 있지 않은 것 같다. 농지 자체가 적고 인구 밀도가 높은 우리나라가 이에 대비하지 않는 것은 큰 재앙을 불러올 수 있다. 나의 이익을 최우선으로 생각하는 것이 바람직한 것처럼 강조되는 행태가 지속한다면 이를 염려하고 대비하려는 사람도 점점 없어지게 되지 않을까.

---

2) 연합뉴스, 2015. 6. 17

9) 경남대 박물관의 고인돌

2기의 고인돌이 옮겨져 있다. 창원 덕천리 유적 3호 고인돌을 보자. 가뭄에 갈라진 논바닥 모양의 무늬가 생명형상을 표현한다. 바위구멍이 형상의 눈동자를 표시한다.

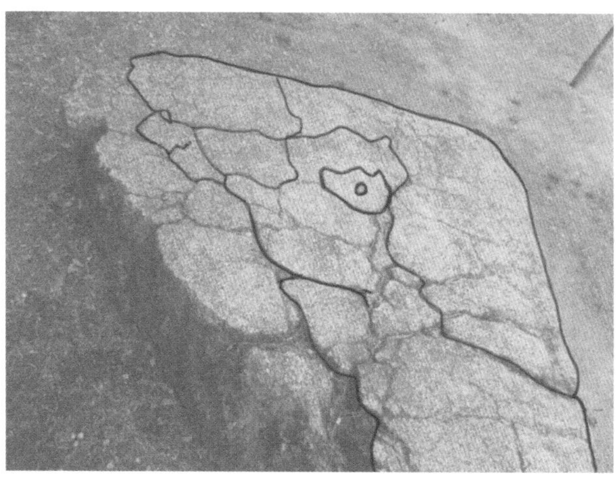

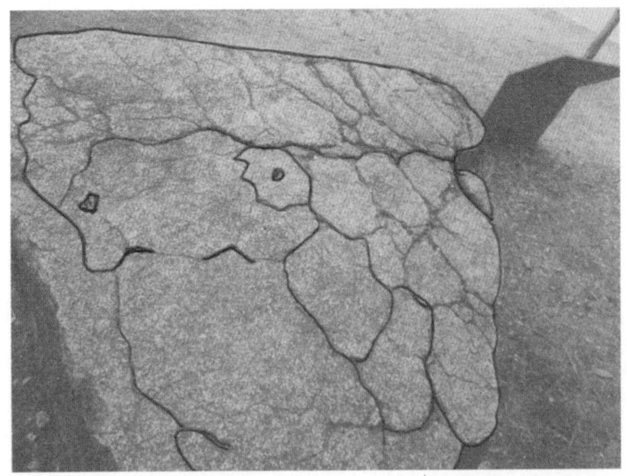

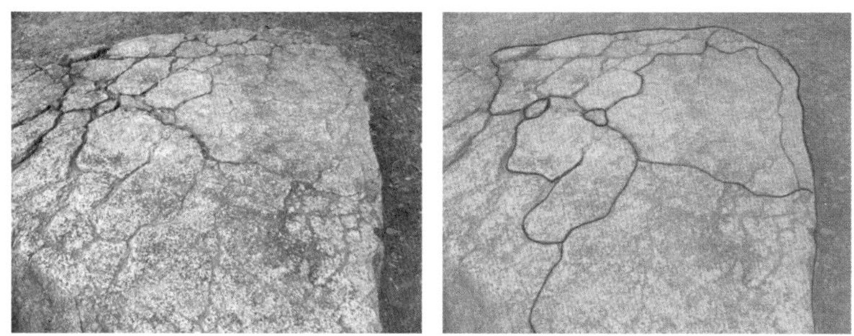

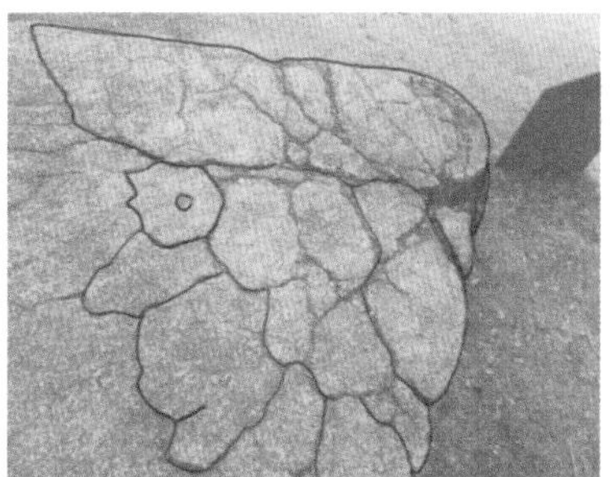

가운데 거칠게 홈으로 줄이 그어져 있는데, 양쪽의 인물상이 마주 보는 형상인 듯하다. 좌측의 상은 아이로 볼 수 있겠다.

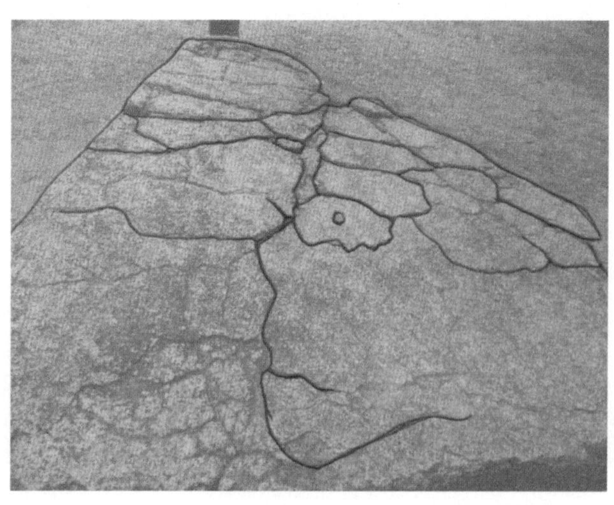

옆면에 홈을 이용하여 두 눈과 입을 나타냈다. 우측에도 형상이 있다.

창원 덕천리 유적 5호 고인돌을 살펴보자. 윗면 일부분을 잘라 내어 눈을 표시하였다. 양쪽으로 형상이 표현되어 있다.

바위구멍이 눈에 해당한다.

두 바위구멍이 눈을 나타낸다.

인물상이 뚜렷하다. 입 부위 아래쪽에 그어진 선이 턱선이 된다.

경북대 박물관의 고인돌에서처럼 페인트로 보이는 물질이 있으며 이를 이용하여 눈을 표시한 듯하다. 페인트 유사한 물질과 색감이 여러 지역의 고인돌에 나타나 있어 고인돌 조성 당시의 것인지 조사가 필요해 보인다.

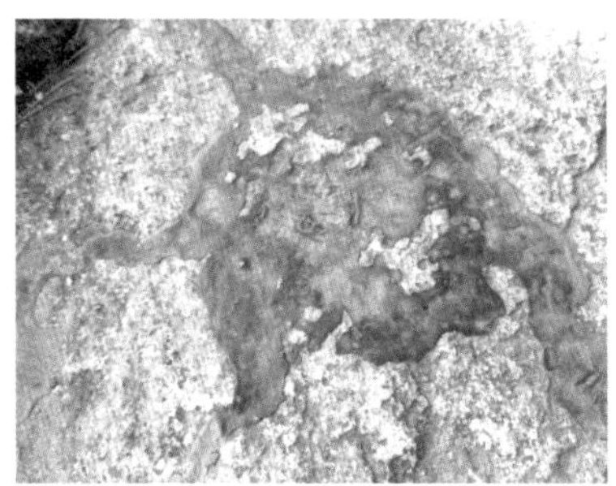

바위 다른 부분과 다르게 흰 돌이 있다. 만져 보니 약간 흔들린다. 외부의 돌을 끼워 놓은 것이다.

먹이를 물고 있는 형상이다. 바위에 새긴 부분과 외부의 돌을 활용한 독특한 방식이다. 선인들이 면밀한 의도로 형상을 조성하고 있다는 것을 잘 보여 준다.

10) 화순 고인돌공원

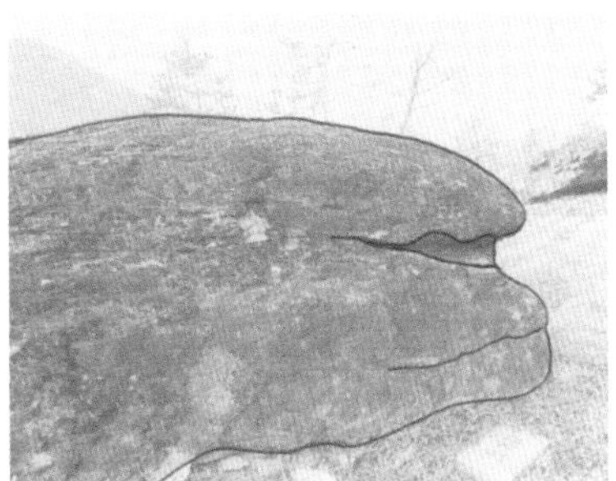

11) 화순 운포고인돌

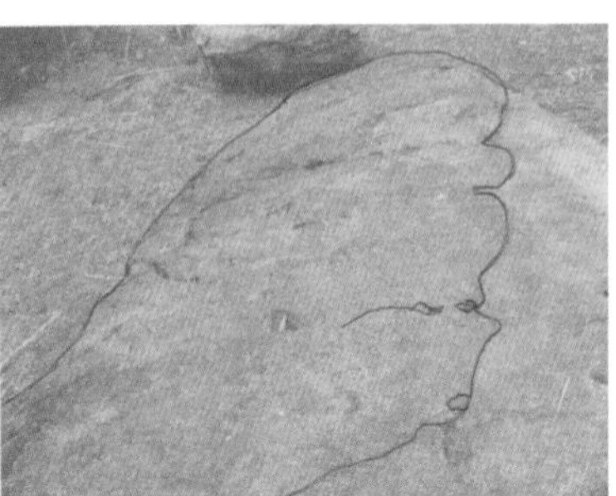

선이 그어져 형상을 표현한다.

고인 물이 인물상의 윤곽선을 이룬다.

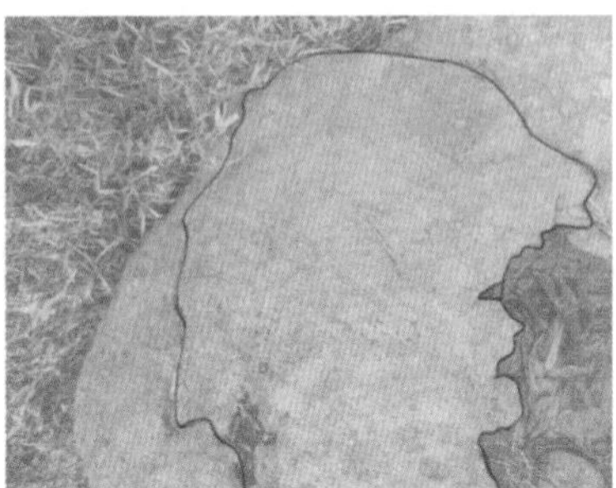

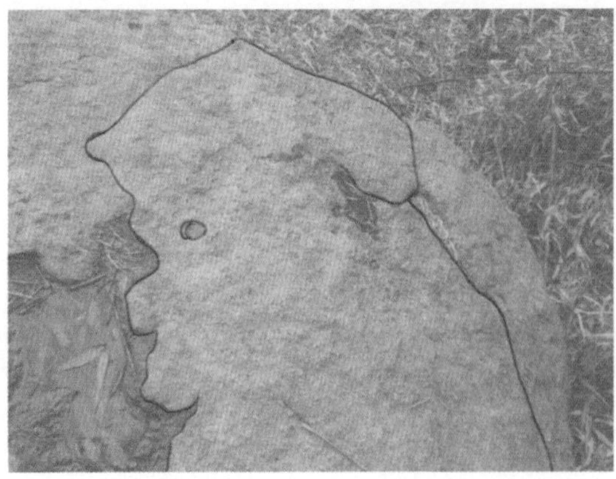

고인 물이 눈으로 보인다.

12) 화순 만연리고인돌

안내판의 내용을 보자.

이 5기의 고인돌이 원래 자리 잡고 있던 자리는 이곳에서 북쪽으로 400m가량 떨어진 만연리 49번지 일대의 구릉 끝 부분으로서 지금은 택지로 되어 있다.

일반적으로 고인돌은 청동기 시대에 죽은 사람을 매장하는 무덤으로 사용되었지만, 발굴 조사 결과 만연리고인돌에서는 매장 흔적이 전혀 나타나지 않았다. 만연리고인돌들은 모두 덮개돌上石이 잘 남아있고 그중에는 굄돌을 갖춘 것도 섞여 있어서 겉으로 보기에는 일반적인 고인돌들과 다를 바 없다. 그러나 굄돌의 배치 상태를 보면 여러 개의 굄돌이 사각형이나 원형을 이루는 일반적인 고인돌의 경우와는 달리 1~2개의 굄돌밖에 없고, 사람을 매장하였던 시설이 전혀 마련되어 있지 않다. 따라서 만연리고인돌들은 죽은 사람을 매장하는 데 사용된 것이 아니고 나중에 이용할 계획으로 미리 만들어 놓은 일종의 '허묘墟墓'였다고 생각할 수 있다. 즉 이들 5개의 덮개돌은 인근의 채석장에서 한꺼번에 채석하여 가까운 구릉 지대에 운반해 놓고 필요에 따라 그때그때 무덤으로 만들었을 것이다. 만연리고인돌은 지금까지 무덤으로만 생각해왔던 고인돌에 대해 또 다른 시각에서 연구할 필요성이 있다는 것을 제시해 준 중요한 자료라고 할 수 있다.

주위에 다른 고인돌들이 없으므로 이 고인돌들이 허묘로 조성되었다고 보기 어려울 것이다. 허묘를 이용하여 실제 묘를 조성한 흔적이 없기 때문이다. 안내판의 설명대로 지금까지 무덤으로만 생각해 왔던 고인돌에 대해 또 다른 시각에서 연구할 필요성이 있음을 제시한다.

물이 고인 부분이 눈을 표시한다.

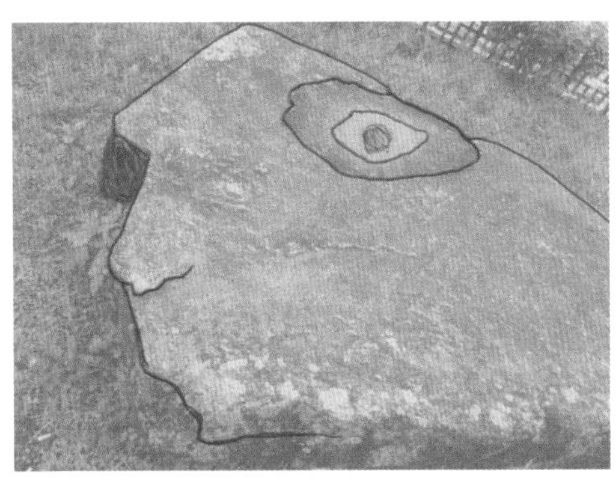

눈이 뚜렷한 형상.

家
닭.오리요리 전문점
061)375-0627
닭도리탕.삼겹살.추어탕.점심백반

바위구멍이 눈을 표시하였다.

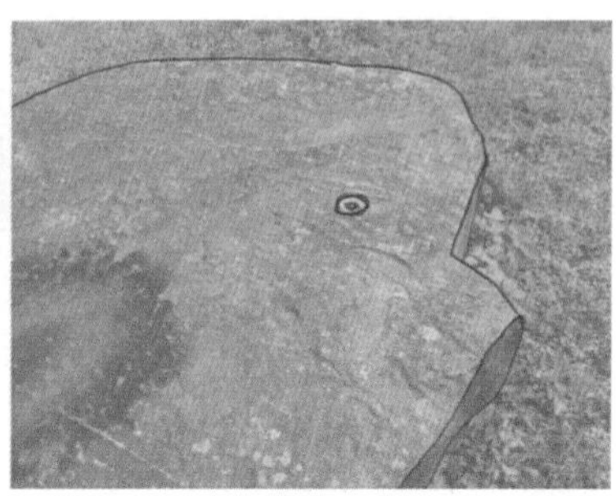

만연리고인돌에는 돌출된 선이 많은데, 이는 만연리고인돌의 특징이라 할 수 있다. 이 선을 이용하여 형상을 표현하였다.

돌출된 선이 선인들에 의하여 그어진 것임을 알 수 있다.

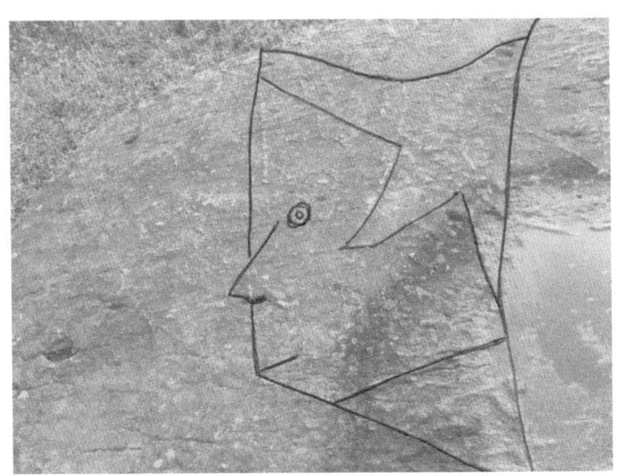

뚜렷한 사람 형상.

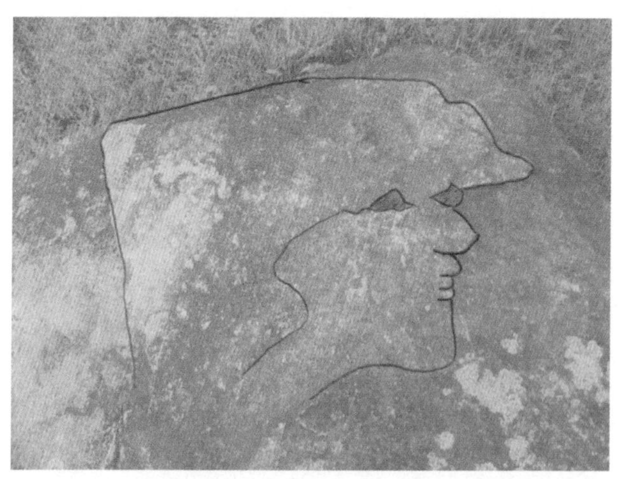

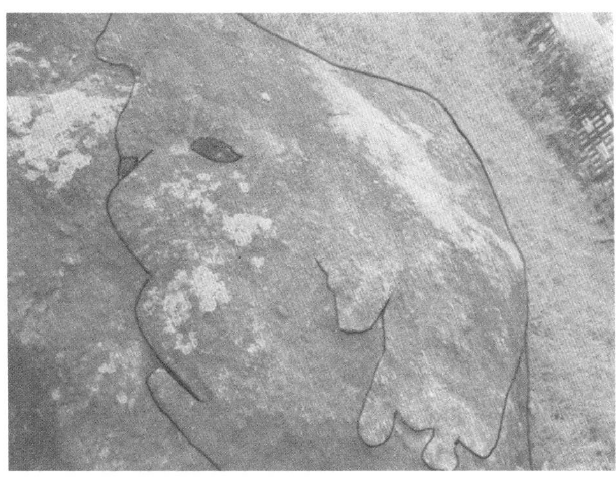

오리탕 오리로스

청이네
오리탕 오리로스 오리주물럭 닭백숙

청이네

13) 순천 고인돌공원

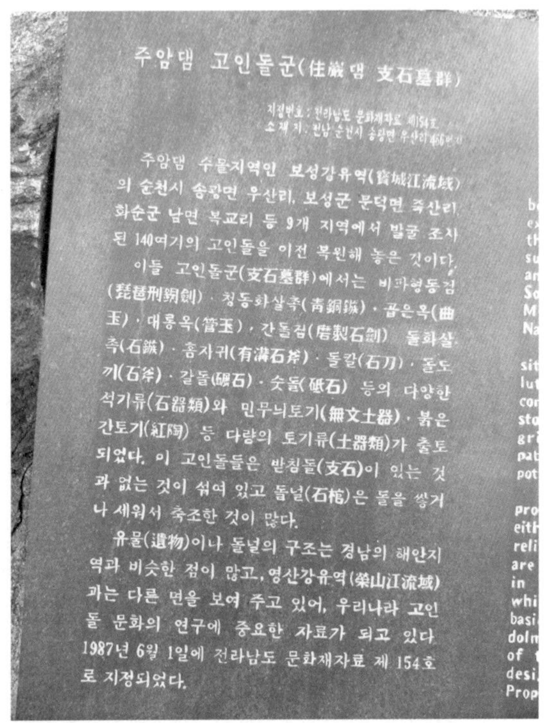

주암댐 수몰지역과 순천, 보성, 화순 등의 개발지역 고인돌 140여기가 이전되어 있다. 편의상 지역 구분 없이 살펴보기로 한다.

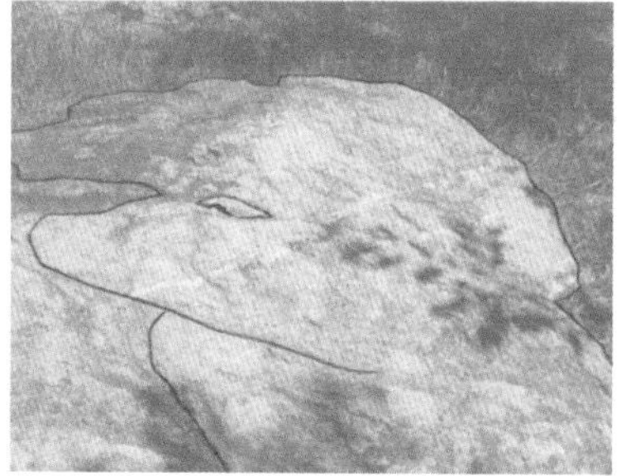

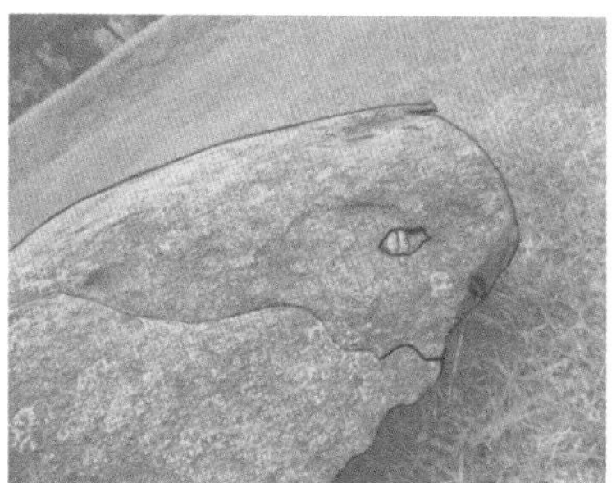

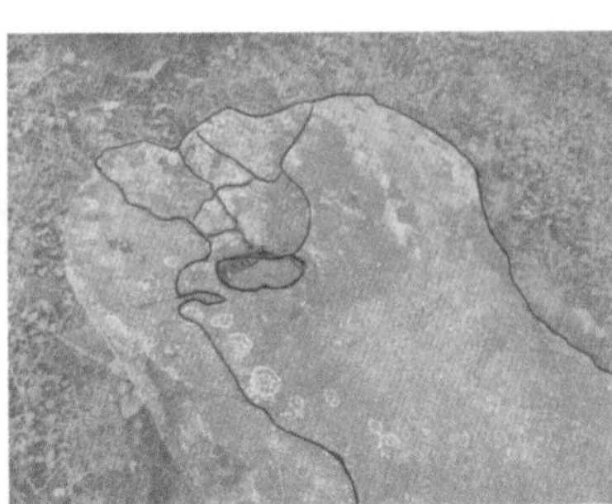

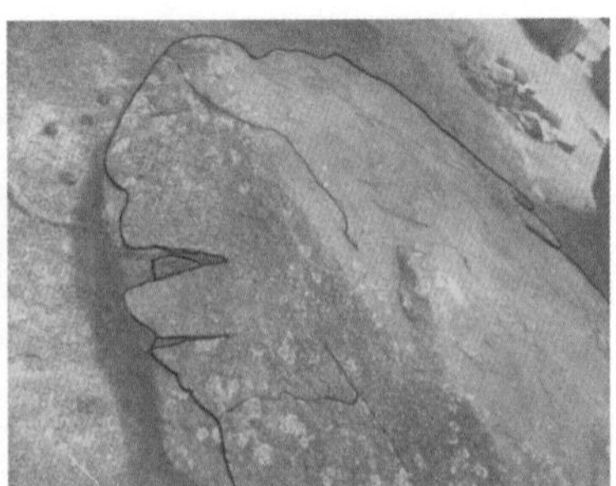

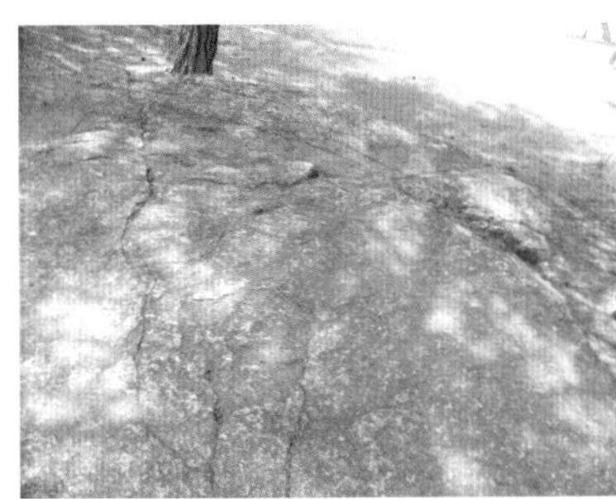

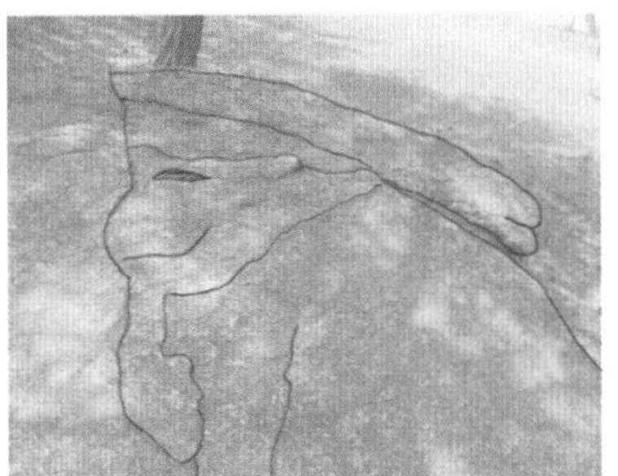

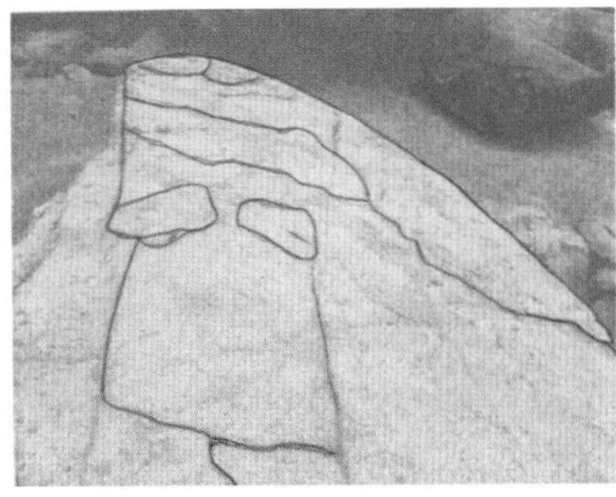

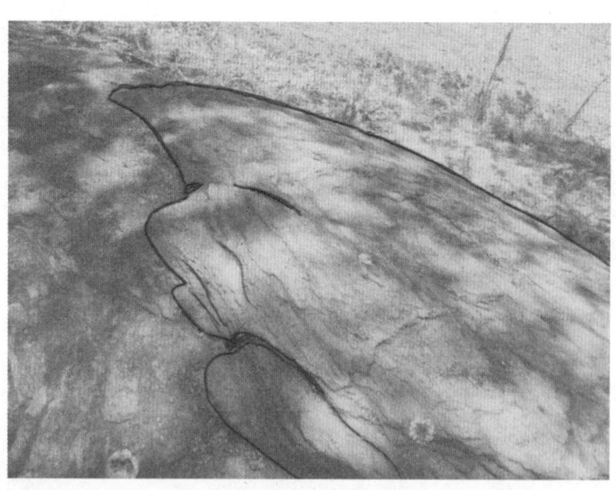

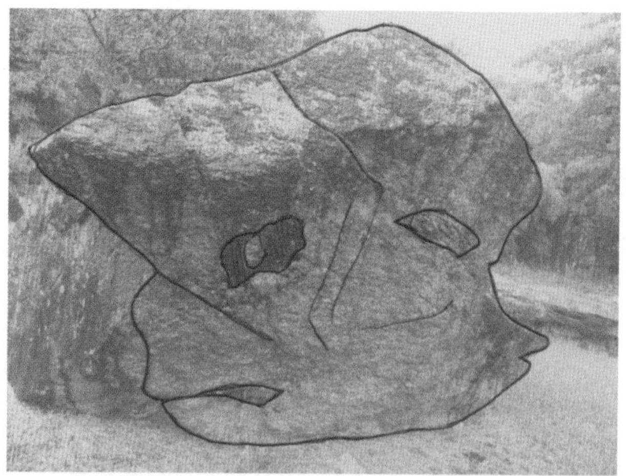

깊게 홈을 파 눈을 표시하였다.

선과 부조, 바위의 외곽선을 이용하여 다양한 인물상을 표현하였다.

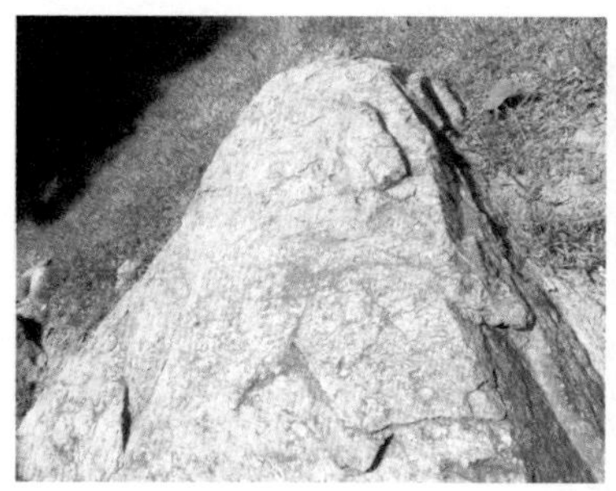
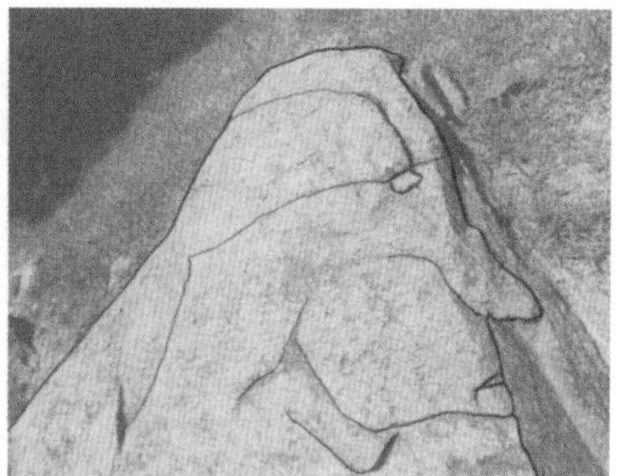

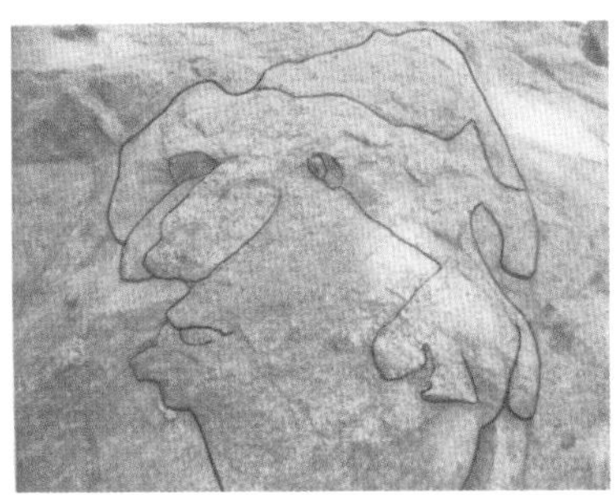

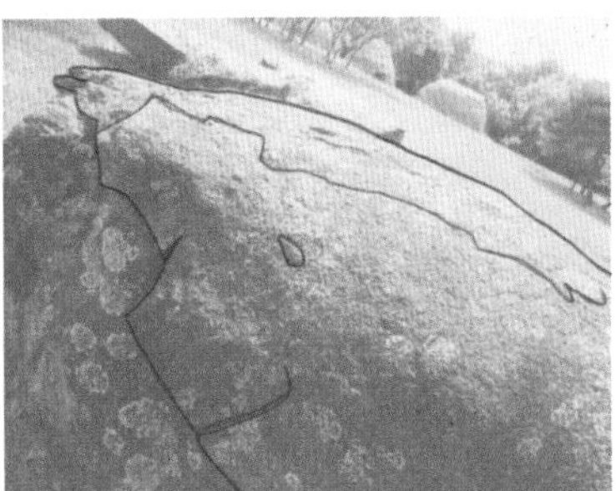

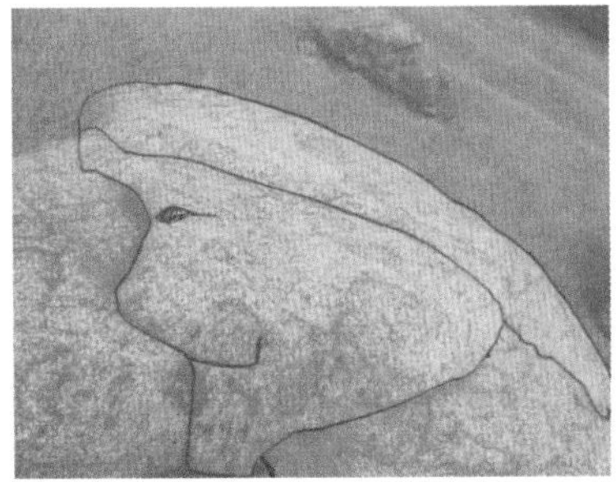

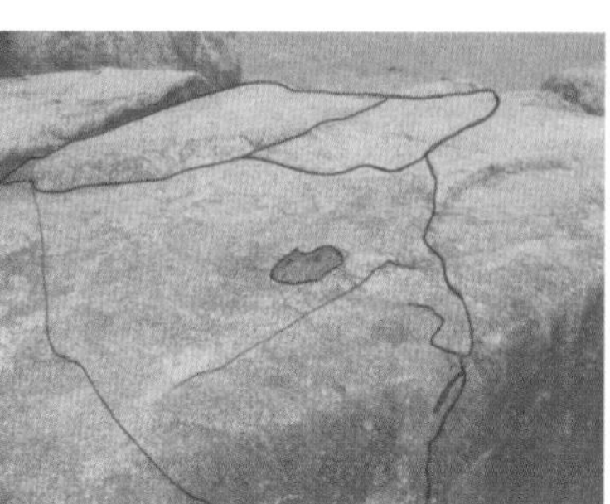

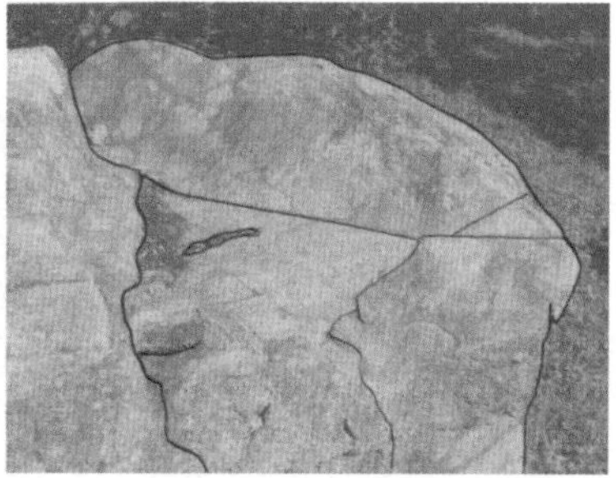

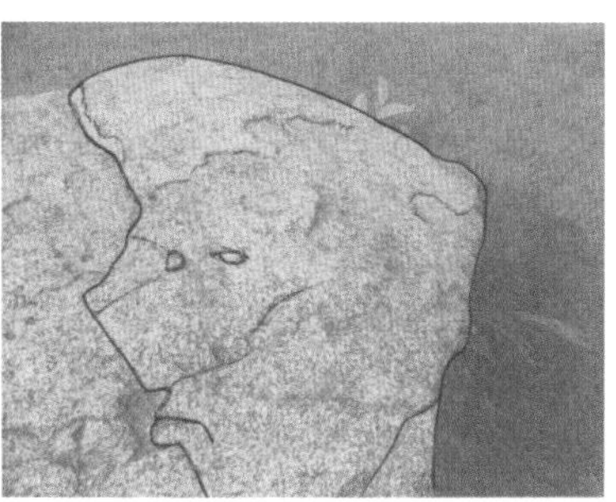

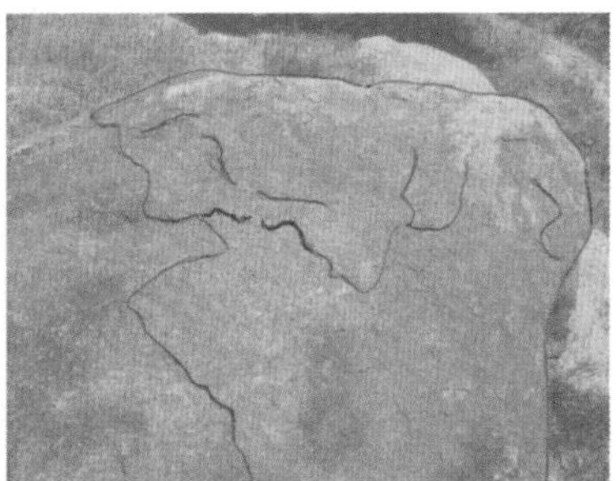

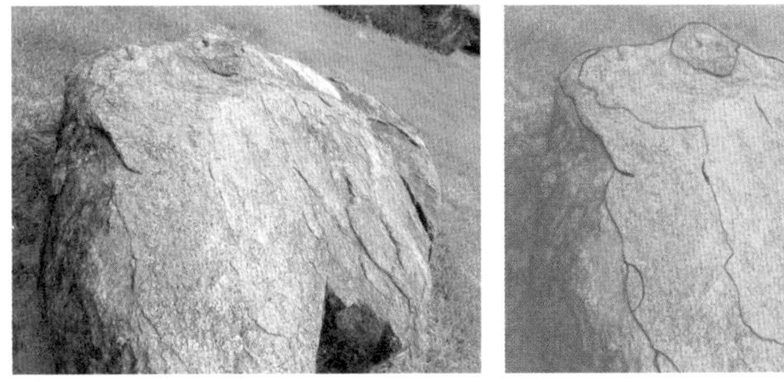

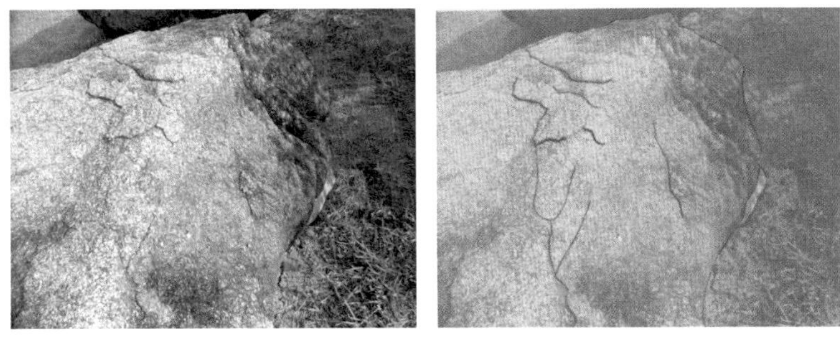

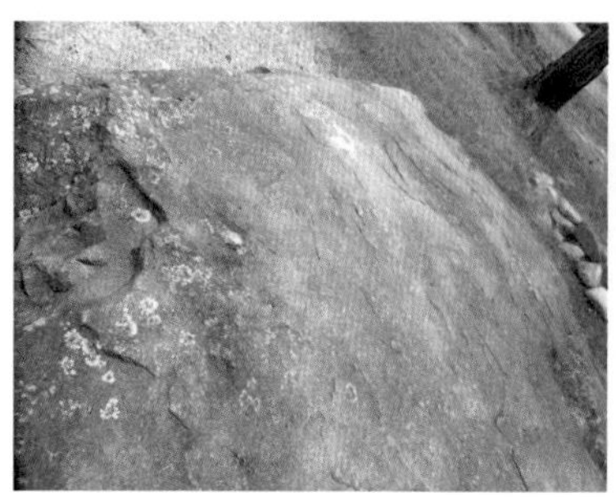
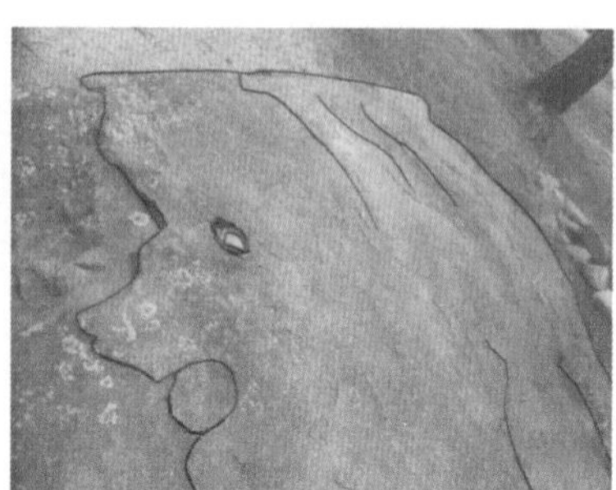

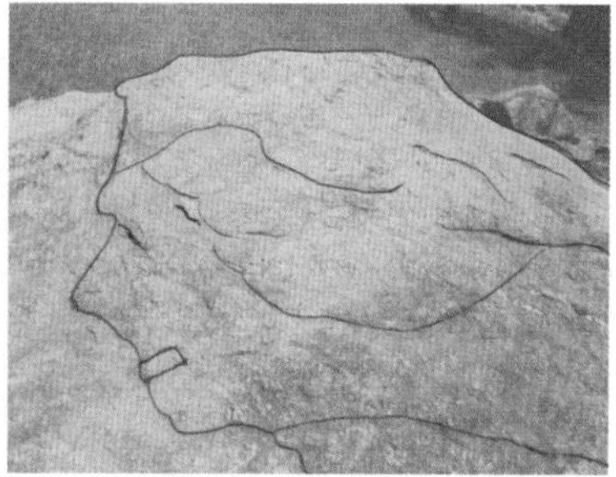

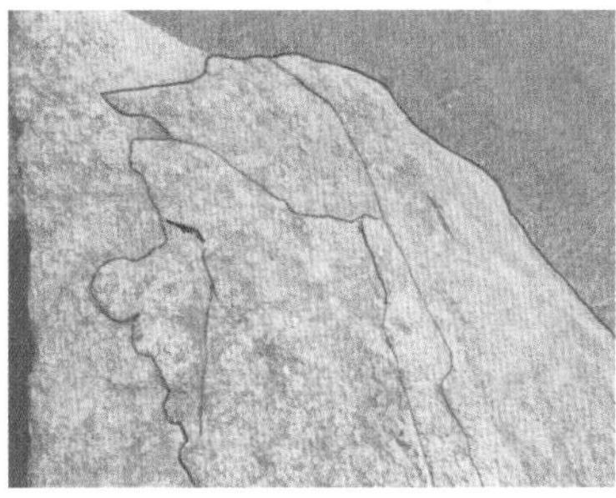

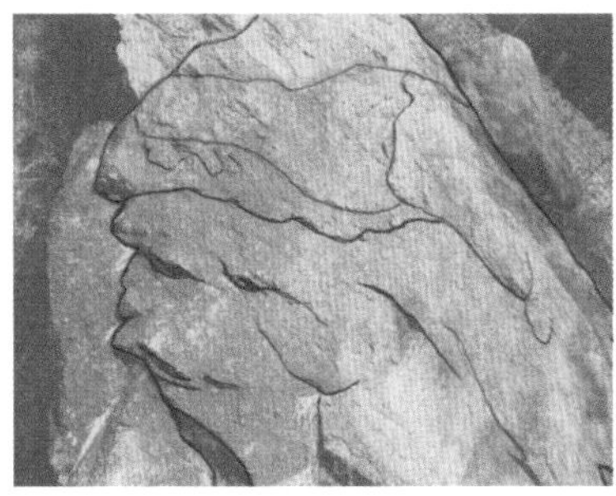

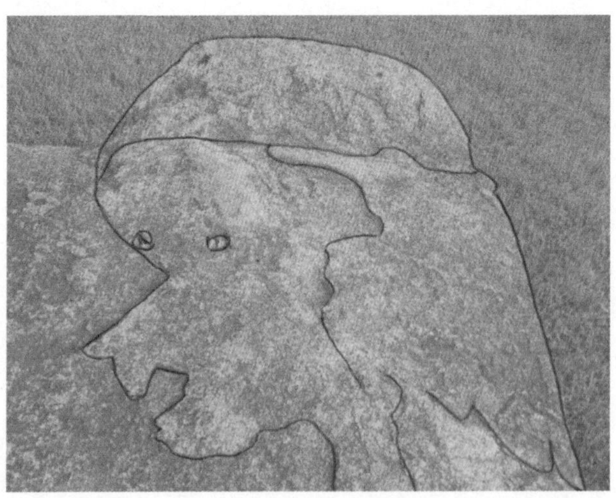

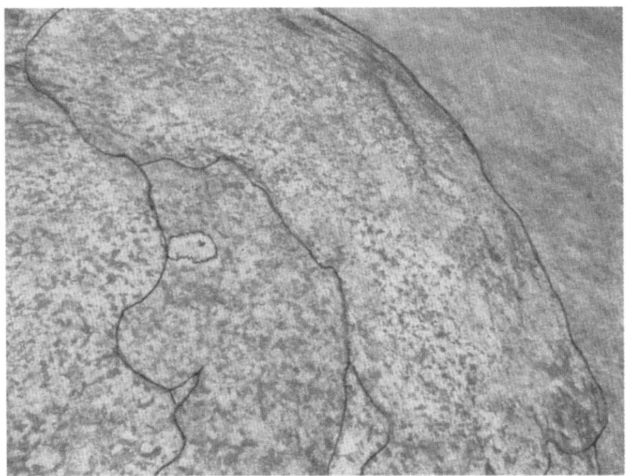

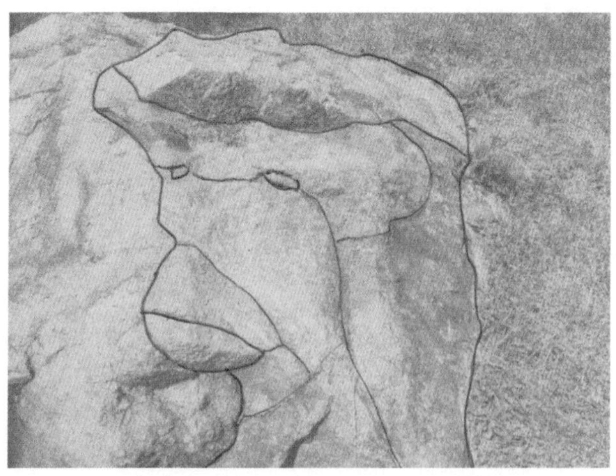

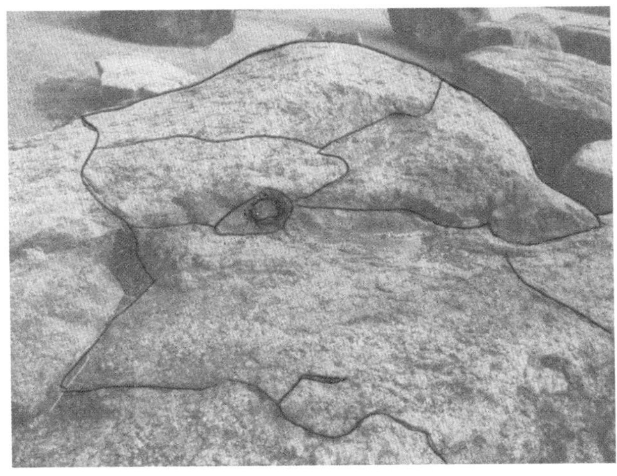

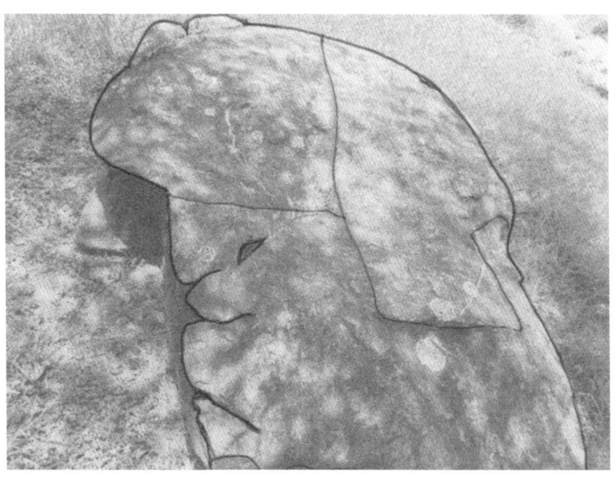

인물상으로 보인다.

위 고인돌을 약간 좌측에서 바라보면 다른 형상이 나타난다.

선돌에도 생명형상이 나타난다. 두건을 쓴 사람의 얼굴로 보인다.

물이 고여 눈을 이루었다.

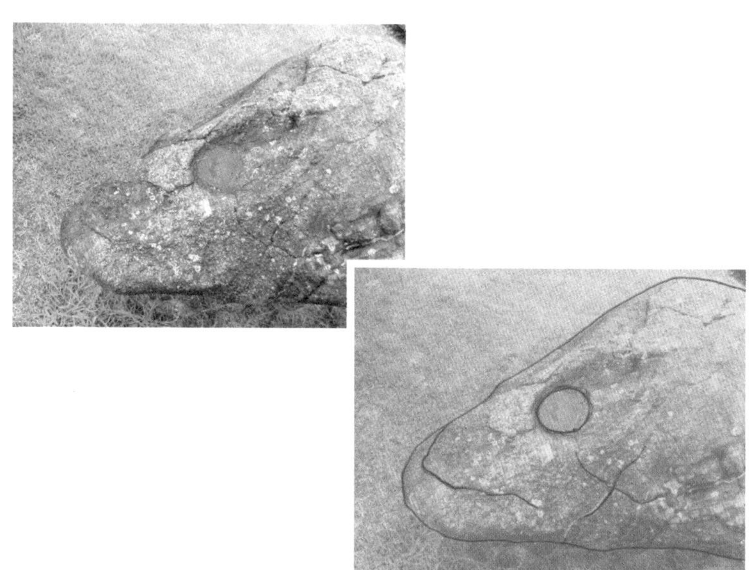

전체 바위 색과 달리 흰색을 띠고 있는 부분에 형상이 있다.

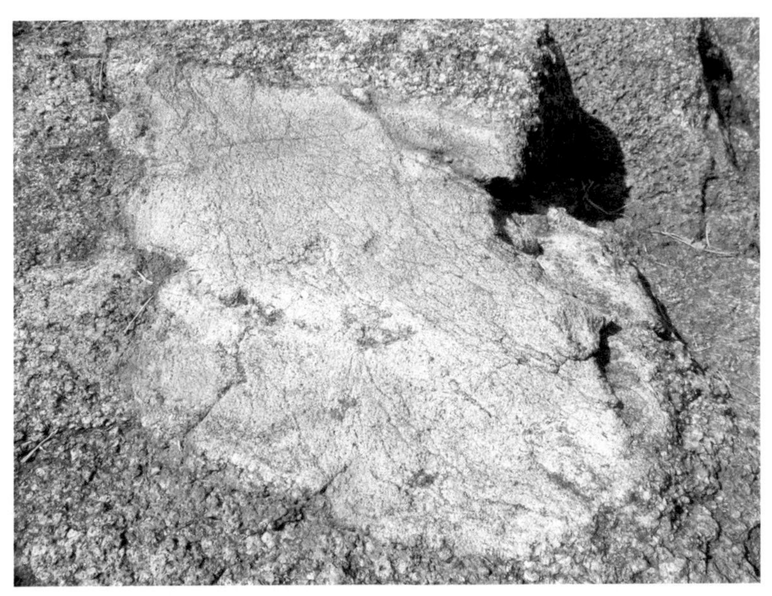

인물상의 머리 부분에 흰 부분이 보인다.

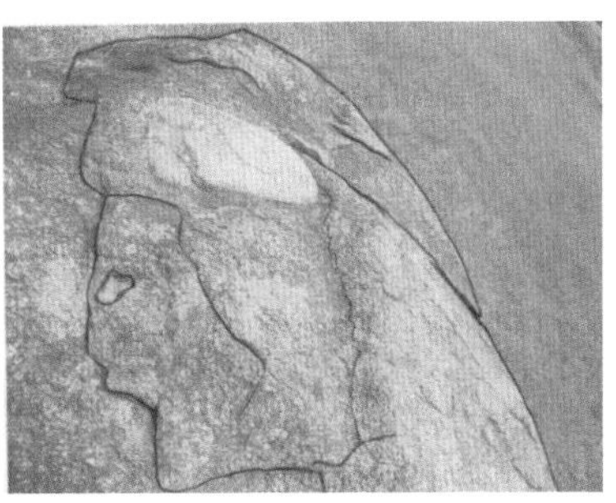

위 형상 흰색 부분에 나타나 있는 인물상.

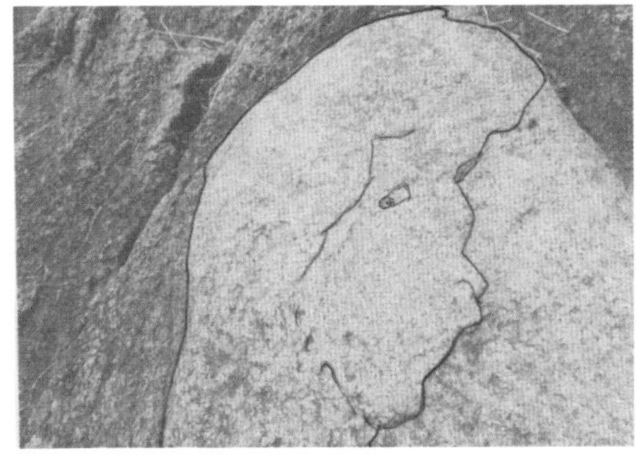

복잡한 형태의 구덩이가 형상을 조성하고 있다.

인물상으로도 또 맹수상으로도 보인다.

위 고인돌에 나타난 인물상.

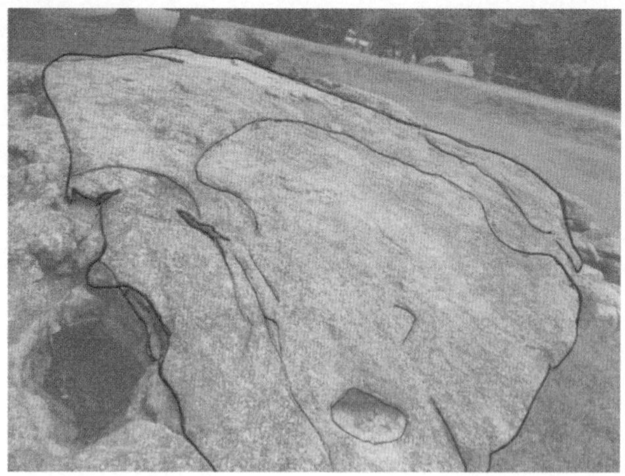

깊게 파인 홈이 맹수의 눈처럼 보인다.

페인트와 유사한 물질로 선을 그어 어떤 모양을 그린 듯하다.

이 물질들이 형상을 이루고 있어 후대가 아닌 고인돌 조성 당시에 형성되었으리라 추정된다.

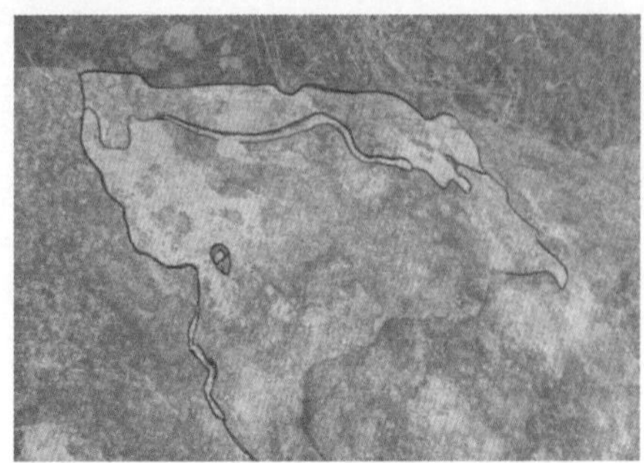

형상을 나타내는 세밀한 선들이 자연적인 풍화로 그어진 것은 아닐까? 함안 가야읍 도항리고인돌에 가늘게 새겨져 있는 동심원과 바위 구멍이 뚜렷하게 그 형태를 유지한다.

비슷한 시기인 청동기나 신석기시대로 추정되는 유물 고령 장기리 암각화의 형상들이 그 형태를 온전히 보존하였다.

울주 반구대암각화에 가늘게 새겨진 형상들이 뚜렷하게 남아 있다.

암질이 자색 혈암으로, 그림을 새기기에 매우 적합한 재질이라는 울주 천천리각석의 선들이 뚜렷하게 남아 있다.

위에서 살펴본 도항리고인돌과 고령 장기리암각화, 울주 반구대암각화 그리고 여기에서 살펴보지 않은 다른 곳의 암각화뿐 아니라 무른 재질의 천천리각석의 선들이 군데군데 끊기거나 지워지지 않고 원형을 유지한다. 이는 바위가 풍화로 변형되기 위해서는 더 장구한 세월이 필요하다는 의미일 것이다.

연천 한탄강가에서 발견된 구석기시대의 석기들이 물의 마모 작용과 풍화를 겪었음에도 날카로움을 유지하는 것은, 재질의 다름을 고려하더라도 바위가 쉽게 풍화로 변형되지 않음을 증명하는 증거가 된다.

풍화의 사전적 의미는 '지표면의 암석이 공기나 온도 따위의 작용으로 차차 부스러지는 일'이다. 풍화로 바위가 부스러진다면 새겨진 선이나 형상들이 지워지고, 뚜렷한 선들이 그어질 수 없다. 고인돌에 선 등을 이용한 형상이 나타난다면 이는 풍화로 인한 것이 아니라 선인들의 작품으로 봐야 하겠다.

암각화에 선인들이 고래나 동물 등의 형상을 새긴 것을 보면, 그들이 형상의 개념을 뚜렷하게 인식하고 이를 표현하였음을 알 수 있다. 또한 바위를 채석하여 운반하고 다듬을 수 있었던 선인들이 고인돌에 암각화에서처럼 형상을 표현하는 건 당연한 일이었다고 판단할 수 있다.

14) 울주 반구대암각화

반구대암각화에 새겨진 형상.

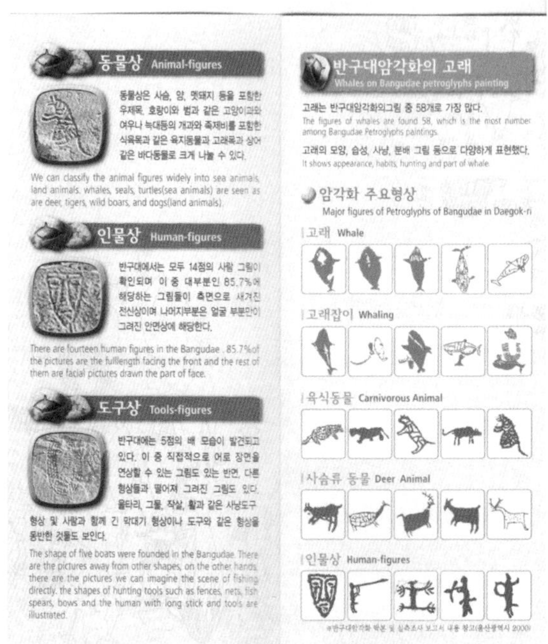

동물상 Animal-figures

동물상은 사슴, 양, 멧돼지 등을 포함한 우제목, 호랑이와 범과 같은 고양이과와 여우나 늑대등의 개과와 족제비를 포함한 식육목과 같은 육지동물과 고래목과 상어 같은 바다동물로 크게 나눌 수 있다.

We can classify the animal figures widely into sea animals, land animals. whales, seals, turtles(sea animals) are seen as are deer, tigers, wild boars, and dogs(land animals).

인물상 Human-figures

반구대에서는 모두 14점의 사람 그림이 확인되며 이 중 대부분인 85.7%에 해당하는 그림들이 측면으로 새겨진 전신상이며 나머지부분은 얼굴 부분만이 그려진 안면상에 해당한다.

There are fourteen human figures in the Bangudae . 85.7%of the pictures are the fulllength facing the front and the rest of them are facial pictures drawn the part of face.

도구상 Tools-figures

반구대에는 5점의 배 모습이 발견되고 있다. 이 중 직접적으로 어로 장면을 연상할 수 있는 그림도 있는 반면, 다른 형상들과 떨어져 그려진 그림도 있다. 울타리, 그물, 작살, 활과 같은 사냥도구 형상 및 사람과 함께 긴 막대기 형상이나 도구와 같은 형상을 동반한 것들도 보인다.

The shape of five boats were founded in the Bangudae. There are the pictures away from other shapes, on the other hands, there are the pictures we can imagine the scene of fishing directly. the shapes of hunting tools such as fences, nets, fish spears, bows and the human with long stick and tools are illustrated.

반구대암각화의 고래
Whales on Bangudae petroglyphs painting

고래는 반구대암각화의그림 중 58개로 가장 많다.
The figures of whales are found 58, which is the most number among Bangudae Petroglyphs paintings.

고래의 모양, 습성, 사냥, 분배 그림 등으로 다양하게 표현했다.
It shows appearance, habits, hunting and part of whale.

암각화 주요형상
Major figures of Petroglyphs of Bangudae in Daegok-ri

고래 Whale

고래잡이 Whaling

육식동물 Carnivorous Animal

사슴류 동물 Deer Animal

인물상 Human-figures

※반구대암각화 탁본 및 실측조사 보고서 내용 참고(울산광역시 2000)

반구대암각화에는 이들 형상을 활용하여 많은 인물상이 새겨진 것을 발견하였다. 반구대암각화 안내장의 주요 암면 전경 사진에 이를 표시하였다.

육식동물 형상이 머리카락을 나타낸 다소곳이 앉아 있는 여성상.

위 아래로 겹쳐진 육식동물 형상이 인물상을 조성하였다.

쪽진 머리의 여성상이 크게 새겨져 있다.

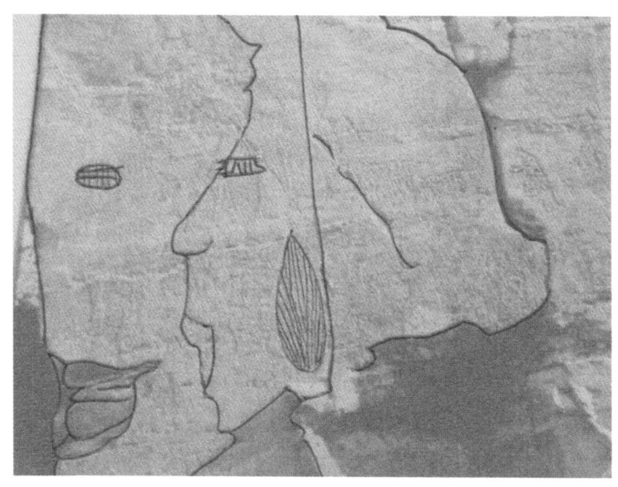

위 여성상을 표현하는 데 고래 형상과 무늬, 바위의 경계선을 활용하였다.

① 고래의 윤곽선이 이마의 선을 나타낸다.

② 깊게 패인 선이 코 부위를 형성한다.

③ 고래의 몸에 새겨진 무늬가 눈의 역할을 한다. 이 무늬를 고래의 아가미로 해석하기도 하는데, 다른 고래에는 나타나지 않으므로, 인물상을 조성하기 위하여 새겨 놓았을 것이다.

④ 홈으로 얼굴과 머리의 경계선을 만들었다.

⑤ 머리카락 위의 선은 바위를 다듬어 형태를 만들었다.

뒷머리 쪽은 쪽진 모양으로 바위를 다듬었다.

큰 인물상 안에 7인의 인물상이 나타난다. 접근이 어려워 안내장 사진을 분석하였는데 실제로 답사해 살펴보면 더 많은 인물상이 새겨져 있을 것이다.

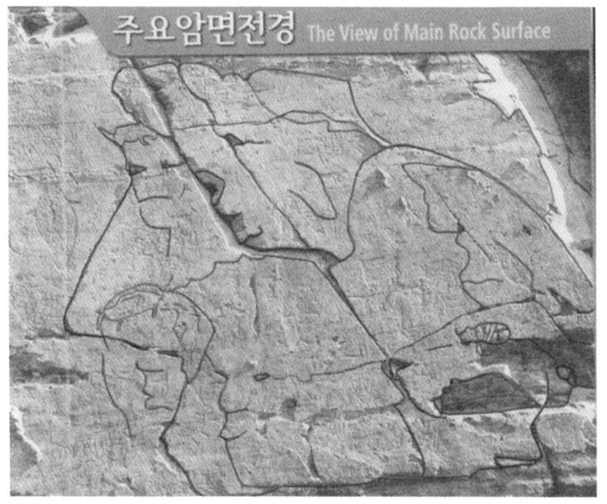

반구대암각화는 기존의 알려진 형상들을 새기는 것보다 이를 활용하여 수많은 인물상을 숨기듯 새기고 있다는 것을 알 수 있는데, 형상을 숨겼다고 하기보다 알아보지 못하였다고 하는 것이 더 타당할 것이다. 이 외의 우리나라 모든 암각화도 비슷할 것이다. 반구대암각화에 나타난 고차원의 표현법을 보면 고인돌에 형상이 새겨져 있는 것이 당연해 보인다.

3. 고인돌의 현대적 의미

위에서 살펴보았듯이 고인돌에 생명형상이 새겨져 있음은 확실하다 할 수 있다. 바라보는 위치에 따라 다른 형상들이 나타나는데 이는 우연이 아닌 면밀한 의도로 이루어진 것이라 판단된다. 보는 각도에 따라 형상이 나타나도록 여러 가지 조치를 하고 있기 때문이다. 이러한 조치는 바위를 자유롭게 다룰 수 있는 능력이 갖추어져 있기에 가능했을 것이다.

고인돌에는 뚜렷한 형상보다 특정할 수 없는 형태의 형상, 즉 생명을 표현하되 사람, 동물, 새, 파충류 등으로 분류할 수 없는 것들이 주류를 이룬다. 바위의 형태와 면을 다듬는 것은 기본이며 여기에 약간의 홈을 파 눈을 표시한 경우가 많다. 이 경우, 의도 없이 보아서는 형상이 새겨져 있는지 알기 어려우며 사진상으로도 잘 나타나지 않는다. 앞에서 살펴본 고인돌들에도 수많은 형상이 새겨져 있는데, 그중 뚜렷한 일부 형상만을 살펴보았다. 고인돌에 대하여 무지했던 관계로 고인돌의 분포 등에 대해서는 잘 알지 못한다. 그러므로 전국에 흩어져 있는 수만 기의 고인돌에 어떠한 형상이 이루어져 있는지 예단하기는 불가능하다. 앞에서 살펴본 지역도 처음부터 계획한 것이 아니라 우연히 방문하게 된 경우가 많은데 지나가다 간판을 보거나 길을 잘못 들어 보게 된 경우도 있다.

순천 고인돌의 경우 순천 지역의 산에 유적을 답사하러 갔다가 비가 와 하루를 더 머물게 되어, 주변에 둘러볼 곳이 없나 알아보다 순천 관광 지도를 얻게 되면서 방문하게 되었다. 비가 왔지만, 우산을 쓰고 살펴볼 수 있는 곳이라 방문할 계획을 세웠다. 강화, 고창, 화순 고인돌에서 많은 고인돌을 살펴보았으므로 잠시 들러 둘러보기만 할 요량으로 방문한 것인데, 예기치 않게 뚜렷한 인물상들을 많이 발견하게 되었다.

방문한 곳 중에서 양평 앙덕리, 이천 지석리, 경북대, 경남대, 화순 운포리, 화순 만연리, 순천 고인돌공원의 고인돌은 댐이나 개발 등으로 이전하여 조성된 곳이다. 그렇지 않고 원래의 자리에 그대로 있었다면 거의 외부에 알려지지 않았을 것이다. 한곳에 모여 있는 수가 그리 많지 않고 크기도 크지 않기 때문이다. 순천 고인돌공원에 모여 있는 140여 기의 고인돌도 여러 곳에 본래대로 흩어져 있었다면 거의 답사가 이루어지지 않았을 것이다.

대규모 밀집 지역에 있으며 크기도 큰 고인돌에는 뚜렷한 인물상을 새기지 않고, 원래의 위치에 있었다면 답사가 거의 이루어지지 않았을 고인돌에는 집중적으로 새겨져 있는 것이 우연은 아닐 거라 생각한다. 대규모 고인돌 밀집 지역은 고인돌 연구자들의 집중 연구 대상이었을 것이다. 이곳에 뚜렷한 인물상들이 새겨져 있다면 고인돌에 형상을 새기고 있다는 것이 이미 밝혀졌을 수도 있다. 강화와 고창 고인돌의 생명형상을 정리해 블로그에 올려 놓았는데 이를 확신하지 못하는 것도 이러한 인물상이 적기 때문이다. 선인들이 댐이나 개발 등으로 고인돌이 옮겨져 한곳에 모일 것을 예상한 것은 아닐까? 시기가 현대에 맞추어져 있는 것은 아닐까 생각된다.

고인돌 답사와 자료를 취합하여 제시하기 위해서는 여러 가지 조건이 필요한데 디지털카메라와 컴퓨터는 이를 가능케 한 가장 중요한 요소가 된다. 고인돌에 새겨진 생명형상이 드러날 시기가 현대에 맞추어져 있다는 생각을 금할 수 없는 이유다. 세계 고인돌의 절반 이상이 우리나라에 있다고 하는데 이제 그 이유를 살펴보아야 할 이유와 중요성이 더욱 커졌다고 할 수 있다.

4. 북한의 고인돌

북한 지역의 고인돌 답사는 현시점에서 가능하지 않으므로 국내에 출간된 북한의 학술 도서 『조선의 고인돌무덤 연구』[3]의 내용 중 몇 가지를 살펴보는 것으로 대신하기로 한다.

제목을 보면 고인돌이 철저하게 무덤이라는 관점에서 접근하고 있음을 알 수 있다. 축조 과정도 기존의 이론과 거의 유사한 듯하다. 남한의 경우 200~300여 톤에 이르는 대규모 고인돌이 존재하고 최근에도 발견되면서 고인돌이 무덤만은 아니었으며 제단 등으로 사용되었다는 이론, 또 축조 과정에 대해서도 기존의 이론과 다른 견해가 나오고 있다.

---

3) 석광준, 중심출판사, 2002.

고인돌의 분류에 대해서는 북방식, 남방식 분류에 대하여 비판하며 다른 분류를 한다. 이에 대하여 이해하기 쉽게 설명해 놓은 글을 보자.

남한에서는 고인돌을 북방식, 남방식으로 나누어 설명한다. 남방식은 밑받침이 낮은 바둑판 모양이고 북방식은 탁자 모양을 가리킨다. 한강을 경계로 하여 분포가 다른 줄 알고 그렇게 이름을 붙였는데 이제는 북방식이 저 남쪽지방 전남 나주에서 나오고 남방식이 저 북쪽지방 평북 태천에서 발견되니 의미 전달에 혼란만 일으키는 쓸모없는 학술용어가 되어 버렸다. 그런데도 우리 학계는 아직도 그걸 못 버리고 있다.

북한에서는 1970년에 석광준이『우리나라 서북지방 고인돌에 관한 연구』를 발표하면서 북방식을 오덕형, 남방식은 침촌형이라고 부른 것이 공식적인 학술용어가 되었다. 북방식은 황해북도 연탄군 오덕리에서 그 전형을 찾을 수 있고, 남방식은 황주군 침촌리에서 많이 발견되어 그렇게 부르게 된 것이다.[4)]

산중의 고인돌을 고려하여 분류해 보면 북방식, 남방식은 맞지 않으며 지명을 따서 분류하는 것도 협소해 보인다.

지역마다 고인돌의 특징이 다르듯이 이도 지역적인 특화로 보아야 할 듯하다. 고인돌이 형식만 다를 뿐 가지는 의미가 비슷하므로 다음과 같이 단순화하여 분류해 보면 어떨까? 크게 상석이 땅에 닿지 않도록 고여 놓은 고인돌은 '입석立石 고인돌', 상석이 지면과 닿아있는 경우 '지석地石 고인돌'로 분류한다. 입석 고인돌을 다시 고이고 있는 돌의 숫자에 따라 '2~4 입석 고인돌', 5개 이상이 고이고 있으면 '다多입석 고인돌'로 부르고 지석 고인돌도 필요에 따라 더 분류한다.

고인돌의 축조에 관하여 그 성격과 필요 인원에 대해서는 다음과

---

4) 유홍준,『나의 문화유산 답사기-4권 평양의 날은 개었습니다』, 창비, 108~109쪽.

같이 기술하였다.

이러한 중량물을 암반에서 채취하여 고지에까지 끌어오려다 270여 cm 높이의 무덤칸 위에 올려놓는 축조공사는 공동체 성원의 혈연적 유대와 관습의 힘만으로는 도저히 감당할 수가 없으며 노예주들의 무자비한 채칙 밑에 장정 노예로동으로써만 가능하다. 건축 전문가들의 계산에 의하면 약 50톤의 중량물 운반과 고인돌무덤 건축로동에 모두 2,000~3,000여 공수의 료력이 들며 무게가 100톤인 경우에는 그 배의 료력이 든다고 한다.[5)]

기존의 고인돌 축조 이론을 그대로 따르고 있으며 사회주의 관점에서 분석하고 있음을 알 수 있다. 고인돌의 분포에 대해서는 이렇게 기술한다.

동북아세아에서는 우리나라에 고인돌무덤이 가장 많으며 우리나라와 이웃하고 있는 중국 관내에서는 절강성과 산동반도에 미미하게 몇 기 있다고 하나 아직 크게 알려진 것이 없다. 세계적으로 중국 본토는 고인돌무덤과 관련이 없는 지역으로 공인되고 있다.

조선반도와 잇닿아 있는 열하지방과 내몽골, 씨비리~바이칼 일대에서도 고인돌무덤을 전혀 찾아볼 수 없다. 일본 규슈 북부에 고인돌무덤이 더러 있으나 조선반도에 널리 퍼진 고인돌무덤과는 형태적으로 많이 변형되어 차이가 많을 뿐 아니라 년대도 매우 늦은 죠몽만기 및 야요이문화에 속한다.

따라서 고인돌무덤은 우리나라 고대 주민들의 독창적인 창조물이라고

---

5) 「단군 및 고조선에 관한 제3 차 토론 논문 – 고인돌무덤 건축에 사역된 로동의 성격에 대하여」, 『조선의 고인돌무덤 연구』, 372쪽.

말할 수 있다.[6)]

고인돌무덤은 평양을 중심으로 하여 서북조선 일대에 가장 많으며 조선반도와 료하유역, 료북지구를 비롯하여 길림, 장춘지구에서도 발견된다.[7)]

남부지역의 고인돌무덤은 밀도상으로 보아 전라남도, 경상남도에 제일 많다. 전라남도 동북지역에서 서남지방으로 횡단하는 영산강류역과 락동강류역에서 고인돌무덤의 밀집 정도는 매우 높다고 볼 수 있다.[8)]

여기에서 주목할 점은 바이칼 일대에서 고인돌을 전혀 발견할 수 없다는 것이다. 한민족의 기원에 대하여 바이칼 부근에서 도래하였다는 북방기원설이 있는데 고인돌의 분포와 관련하여 보면 근거가 없는 것으로 보인다.

구석기, 신석기, 청동기유적이 층을 이루며 발견된 함북 선봉군 굴포리 서포항 유적지.[9)]

한반도에 구석기시대부터 신석기, 청동기시대에도 사람이 살고 있었다면 한민족은 외부에서 이동해 온 것이 아니라는 뜻이다. 고인돌의 중요성 중 하나는 그 분포가 가지는 의미에 있다는 것을 알 수 있다.

---

6) 위의 책 9~10쪽.

7) 위의 책 12쪽.

8) 위의 책 19쪽.

9) 『나의 문화유산답사기 4』, 131~132쪽.

이와 관련하여 다음의 글을 보자.

따라서 고인돌무덤은 고조선의 문화일 뿐 아니라 고대 조선족 전체의 문화라고 말할 수 있다. 이 문화는 고조선의 대표적인 유물의 하나인 비파형단검관계문화분포지역과 대체로 일치한다는 것이 새롭게 확증되었다. 그러므로 고인돌무덤은 우리나라 고대 문화의 단일성을 립증하는 유력한 근거의 하나라고 말할 수 있다.[10)]

동북조선과 남부조선, 서북조선과 중국 동북지방 등 넓은 지역에 분포된 모든 고인돌무덤의 짜임새가 일부 세부에 지방적 특징이 더러 있지만 일관하여 유사한 것은 우리나라 고대 국가를 형성한 주민들은 모두 문화와 풍습이 같은 하나의 민족이라는 것을 확증할 수 있다.[11)]

민족사와 관련하여 고인돌의 의미와 중요성이 어떤 것인지를 알 수 있다.

---

10) 위의 책 13쪽.

11) 위의 책 316~317쪽.

2장

산에 나타나 있는 인위의 흔적

바위에 형상을 새기는 능력을 선인들이 고인돌에만 사용하였을까? 산이나 강의 암반이나 바위에도 새기지 않았을까? 2장에서는 이를 살펴보기 전에 선인들이 산에 남긴 것이 분명한 흔적들을 먼저 살펴보고자 한다.

1. 고인돌의 존재

고인돌에 지식이 없는 일반인들은 고인돌이 평지에 위치하는 것으로 생각하기 쉽다. 그러나 많은 고인돌은 구릉이나 산의 기슭에 있다. 일반인들이 고인돌이 평지에 위치한다고 생각하는 이유는 고인돌공원에 설치된 고인돌축조그림 등에서 영향을 받기 때문이다.

순천 고인돌공원 안내판에 그려진 고인돌 바위를 운반하는 설명도나 이를 체험해 보는 곳을 보면 모두 완전한 평지다.

화순 고인돌공원 체험장도 마찬가지다.

그러나 고인돌이 위치하는 곳은 평지가 아닌 곳이 많다.

〈강화 오상고인돌〉

〈고창 고인돌공원〉

〈화순 고인돌공원〉

이렇게 경사진 곳에서 통나무를 밑에 받치고 줄을 끌어 바위를 운반할 수 있을까? 줄을 끌기 위해서는 줄다리기 시합에서 알 수 있듯이 줄이 팽팽하게 당겨져야 하고, 줄이 휘거나 높낮이가 다른 곳에 있는 사람이 끌었을 때는 힘이 더해지지 않으므로 필요한 줄 길이만큼의 평평한 공간이 필요하다.

통상 평지에서 줄을 이용하여 성인 1명이 100kg를 끌 수 있다면, 100톤을 끌기 위해서는 1,000명이 필요하다. 1,000명이 4줄로 끌고 1인당 1m의 공간을 차지한다면 줄의 길이는 250m가 되어야 한다. 즉 고인돌축조 지점을 지나 250m 이상의 평평한 공간이 있어야 100톤의 고인돌 축조가 가능하다.

산지와 굴곡이 많은 우리나라에서 이런 식으로 고인돌을 축조할 수 있는 곳은 많지 않을 것이다. 더구나 최대 크기 고인돌로 알려진 300톤에 이르는 고인돌도 있다. 이를 끌기 위해서는 3,000여 명의 인원이 필요한데, 5줄로 끌려면 600m의 평평한 공간이 필요하다.

300여 톤에 달한다는 고인돌을 보자. 화순의 고인돌로, 조금만 벗어나도 주변이 모두 경사져 있고 산자락이 막고 있다.

고창고인돌이며 경사진 산기슭에 있다.

출처: blog.daum.net/san256

최근에 발견된 김해고인돌로, 사진상으로 보아도 양쪽 면 모두에 생명형상이 나타난다.

현재 조사 후 땅에 묻혀 있다고 하는데 이곳의 지형이 주변보다 낮기 때문이 아닐까 한다. 과거 주변 지형이 어떠했는지는 알 수 없으나 지대가 낮은 곳이라면 비가 올 때 물이 흘러들기 때문에 무덤으로 사용하는 것이 불가하다.

창녕 고인돌의 안내판 내용이다.

구릉의 정상부에 있으며 이 고인돌이 지닌 학술적 가치는 이 특이한 입지 조건에 있다.

창녕고인돌의 무게에 대한 주장은 각기 다른데, 대규모의 고인돌인 것만은 분명하다. 그런데 이 고인돌 상석의 채석장이 인근이 아닌 듯하다.

고인돌 상석의 재질이 일대의 재질인 퇴적암이 아닌 화강암인 점이 특징이다. 장마면은 낙동강과 계성천이 만나는 강가여서 죄다 퇴적암일 뿐 화강암은 창녕읍이나 영산면에나 가야 있다.[1)]

창녕고인돌은 원래 7기가 있었다고 한다. 일본 침략기에 6기의 고인돌은 깨 교량이나 길을 닦는 데 사용하였고 1기는 주민들이 돈을 걷어 일본인에 주고 겨우 남게 되었다 한다. 비록, 무도한 일본인(박경리, 『토지』)이라 하여도 무지몽매하지는 않았을 텐데 이토록 중요한 유물을 파괴한 데는 인근에 단단한 화강암이 없기 때문이기도 하였을 거다.

창녕고인돌이 구릉 위에 있는 모습을 보자.

1) 경남도민일보, 「우리 고장 사랑 고3 역사문화탐방」, 2014년 2월 17일.

반대쪽에서 바라본 구릉의 모습. 이런 지형에서 긴 줄이 팽팽하게 당겨지는 것은 불가능하다.

다음 고인돌축조 안내판을 보면 첫 번째 사람만 고인돌과 줄이 팽팽하고 뒷사람들은 꺾였다.

국립 전주박물관의 고인돌축조그림도 마찬가지다.

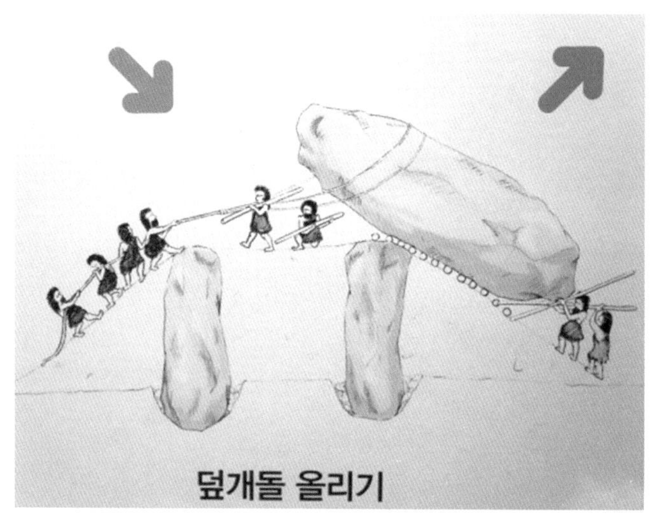

이 경우 뒷사람들의 힘은 아무런 의미가 없다. 이런 지형에서 당기는 사람들의 힘이 모두 실린 채로 줄이 팽팽하게 당겨지게 할 방법은, 당기는 사람들이 있는 곳의 경사로가 위쪽으로 줄의 길이만큼 연장되는 수밖에 없을 것이다.

두산백과에 실려 있는 고인돌 덮개돌 올리기를 보면 당기는 사람들이 서 있는 경사로 뒤쪽이 끊겼다.

고인돌의 제작

고창고인돌 박물관의 모형을 보면 맨 앞쪽 사람이 줄을 어깨에 메고 당기는데, 줄이 수평이 안 되어 앞 쪽의 사람들 중 일부는 손을 높은 위치에서 엉거주춤한 자세로 당기고 있다.

고인돌 바위를 줄로 당겨 끄는 방법이 전혀 검증되지 않은 것을 알 수 있다. 같은 박물관의 다음 설명은 위의 축조 모형과 배치된다.

이처럼 축조 과정이 밝혀지지 않았다면 기존의 축조 모형과 축조 체험은 잘못된 것이 되는데, 현실에서는 이대로 설명하고 있어 이를 바로잡아야 할 것이다.

이러한 점을 창녕고인돌이 위치한 곳에 적용하면 줄로 바위를 끌어서 구릉에 올리는 것은 애초에 논의의 대상이 될 수 없다. 이에 따라 '커다란 바위를 끌어서 쌓으려면 많은 사람이 동원되어야 하는데, 그러려면 청동기시대는 되어야 할 것이기에 고인돌이 청동기시대의 것이며, 사람을 동원할 수 있는 족장의 무덤이다.'라는 이론이 성립되지 않는 것을 알 수 있다.

고인돌을 조성한 선인들이 거대한 바위를 옮길 수 있었던 것은 고인돌이 증명하고 있는데, 그 방법에 대해서는 알 수 없다고 하는 것이

현재까지의 연구 결과라 하겠다.

고인돌에서 돌칼, 토기 등 유물이 출토되고 있으므로 무덤으로 추정하는 것이 일견 타당해 보인다. 또한 뼛조각이 나오는 경우도 있어 무덤으로 쓰인 경우도 있는 듯하다. 그러나 무덤이라는 데 대하여 회의적인 시각도 있다.

고인돌은 한 지역에 수십 기씩 군집되어 있는 경우가 많고 또 소형도 적지 않으며 시신과 함께 껴묻은 유물이 빈약한 경우도 많아 지배자의 무덤이라는 종전의 설득력을 잃게 되었다.

또한 고인돌 전부가 무덤은 아니었던 모양으로 지하에 무덤칸이 설치되지 않은 것도 있다.[2)]

무덤이어서만 유물을 넣은 것이 아닐 수도 있다. 고인돌 축조 자체로도 큰 의미가 있어 유물을 함께 넣었을 수도 있다. 또는 무덤처럼 보이도록 유물을 넣었을 가능성도 있다. 실제 많은 고인돌이 사라져 가고 있는데 유물이 나온 고인돌들은 옮겨져 보존이 된다. 이것으로 알 수 있듯이 고인돌에 유물을 넣은 이유는, 굴착기나 기중기 등이 사용될 때를 예견하여 고인돌을 보존케 하려는 의도가 있었을지도 모른다. 고인돌의 무덤 여부에 대해서는 이러한 점들을 모두 반영한 연구가 진행되어야 할 것이라 생각한다.

조성 시기가 청동기시대라는 논리가 성립되지 않으니 언제 고인돌이 조성되었는지도 밝혀야 할 과제다.

앞에서 살펴본 고인돌에 새겨진 형상을 고려하면, 고인돌은 기존의 고고학적 연구에 더불어 다른 접근 또한 필요할 듯하다.

---

2) 이건무 · 조현종, 『선사 유물과 유적』, 솔출판사, 116~117쪽.

이에 대하여 주목할 만한 견해를 보자.

"리 선생님, 나는 그런 고고학적 조사가 아니라 미술사적으로 주목할 만한 것을 보고 싶습니다."

"고인돌을 미술사적으로 보다니요?"

얼핏 생각하면 고고학과 미술사가 서로 비슷한 학문 같지만 정반대의 성격을 드러낼 때가 적잖다. 고고학은 형태의 내부에 주목하지만 미술사는 겉모습에 더 관심이 많다. 한마디로 거칠게 말해 고고학은 유물의 속을 다루고, 미술사는 유물의 멋을 추구한다.[3)]

고인돌에 새겨진 형상에 대한 연구는 미술사적으로 접근하는 것이 타당해 보인다. 고인돌의 형상에 대해 몇몇 미술가, 조각가에 자문을 해 보았다. 사진에 의존하는 것이라 불완전하나 한국화가 한분은 고인돌과 자연 바위에 그어져 있는 일부 선들이 자연이 아니라 사람에 의한 것이라 판별하였다. 선을 중시하는 한국화의 특성상 수없이 선을 그어 보고, 그보다 수석과 돌을 좋아하여 관심을 가지고 살펴보았기 때문에 알 수 있는 것이며, 미술을 공부하였다고 알 수 있는 것은 아니라 한다. 고인돌의 홈이나 선을 이용한 그림들은 선을 중시하는 한국화와 더 맥이 닿아 있는 듯하다.

산기슭이나 구릉에 있는 고인돌의 존재는 그 자체로 선인들이 산에 생명형상을 새겨 놓은 것이라 할 수 있다.

---

3) 『나의 문화유산답사기4』, 109쪽.

2. 바위구멍(홈구멍, 성혈)

앞에서 살펴본 고인돌에서 바위구멍이 형상의 눈 역할을 하는 것을 볼 수 있었다. 이러한 바위구멍은 일반 바위에도 나타난다 한다.

그 밖에 바위구멍(Cup-Mark)은 고인돌 덮개돌이나 강과 내에 가까운 바윗돌에서 산발적으로 또는 규칙적으로 보이는데, 아직 그 뜻은 정확히 풀이된 바 없다.[4)]

윗글은 고인돌뿐 아니라 일반 바위에 나타난 바위구멍의 인위성을 인정한다. 이러한 바위구멍은 강과 내에 가까운 바윗돌뿐만 아니라 산에 있는 바위 곳곳에도 나타난다. 이는 선인들의 손길이 산에 닿았음을 증명하는 또 하나의 증거가 될 것이다.

산의 바위구멍도 생명형상과 관계가 있는지 간략하게 살펴보기로 하자.

바위구멍이 많이 새겨진 곳은 낮은 산의 작은 암반인 경우가 많은데 작은 암반에 형상을 새기기가 어려운 경우에 많이 활용된 듯하다.

여러 개의 바위구멍이 있는 곳에 큰 것을 활용하여 생명형상을 새기는 경우가 많은데 그 주변에 작은 구멍이 많아 형상을 알아보기 어려운 경우가 많다. 단순하게 두 눈과 코, 입만을 파 놓았다면 금방 알아보았을 것이다. 블로그(blog. naver. com/lgso6161)에 대전 지역 주변의 성혈 답사 사진을 많이 올렸는데 대부분 전체 규모 위주의 사진이라 형상이 뚜렷한 경우는 드물다.

---

4) 정동찬, 『살아있는 신화 바위그림』, 혜안, 44쪽.

다음 블로그의 바위구멍들은 생명 형상의 표현이 뚜렷하다. 바위구멍이 두 눈과 입을 이룬다.

바위구멍이 두 눈이 되고 아래 쪽에 선을 깊이 그어 입을 표시하였다.

경주 서악동의 작은 암반에 많은 바위구멍이 있다.

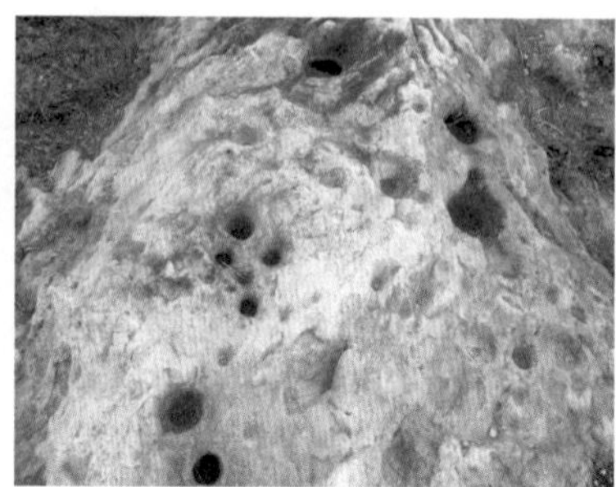

물이 고인 바위구멍이 눈이 되어 형상을 이루었다.

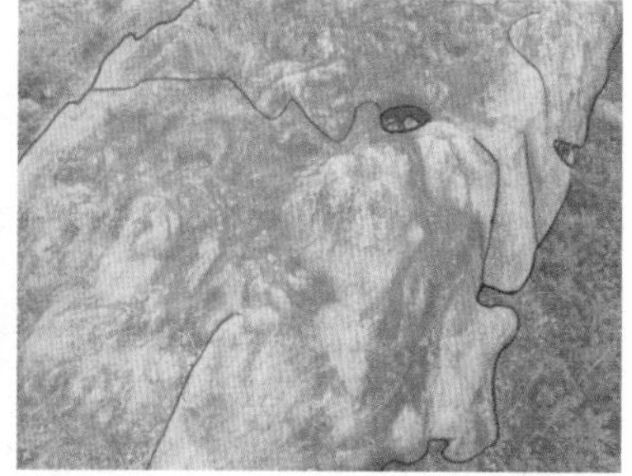

두 바위구멍으로 눈을 표시하였다.

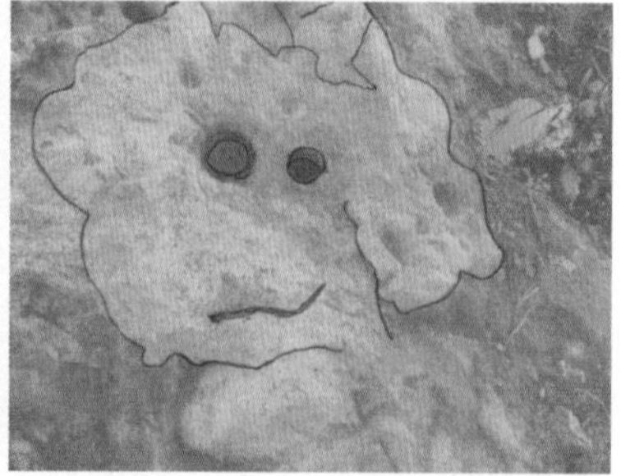

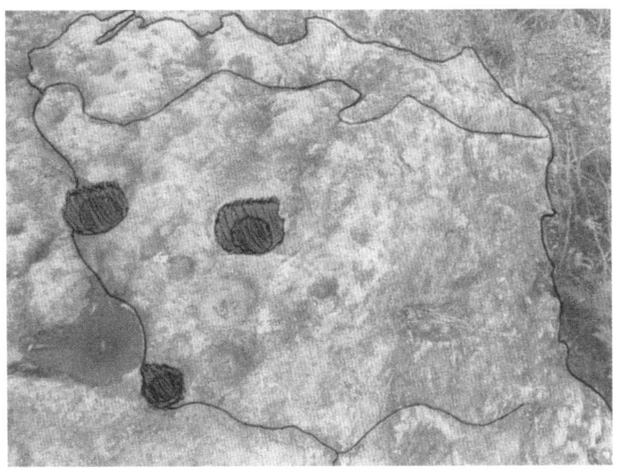

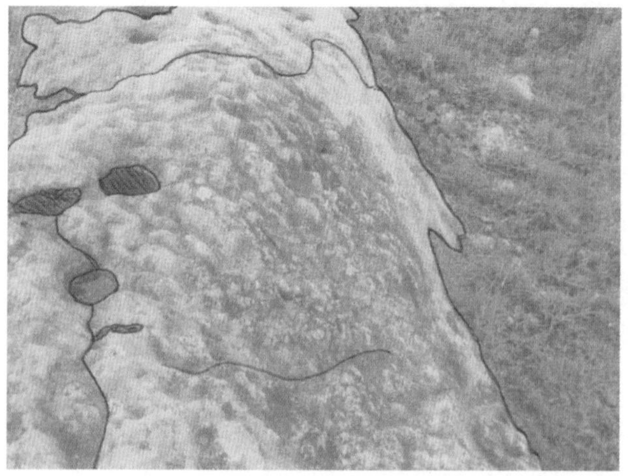

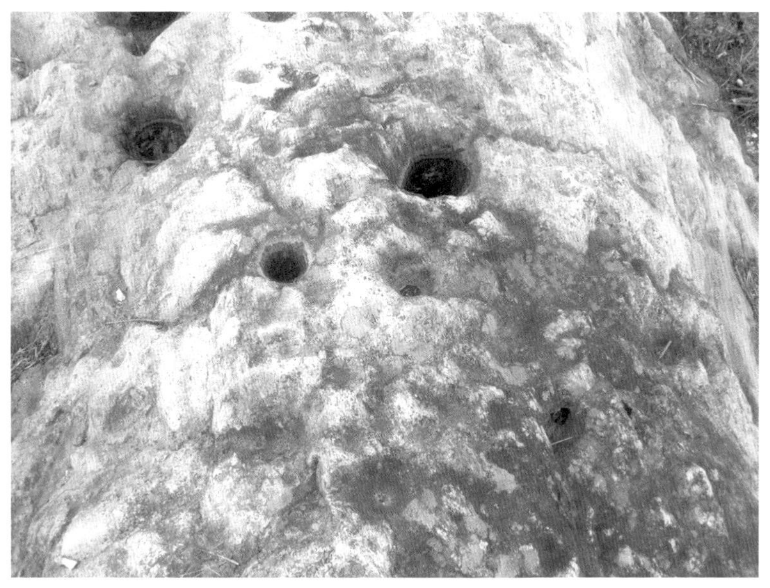

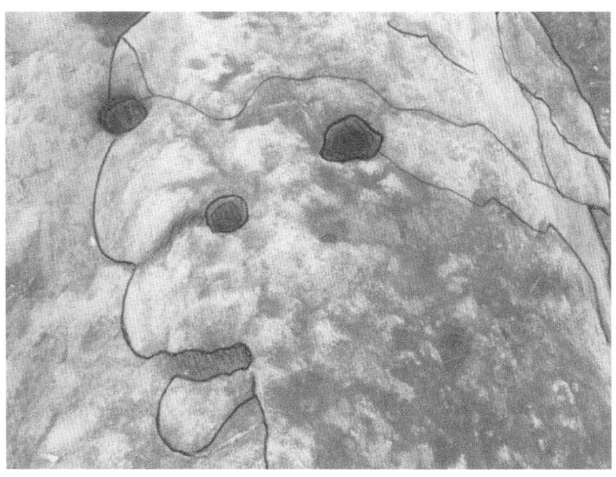

3. 쐐기홈

고대에 바위를 자를 때 사용하였다는 쐐기홈이 산에 나타난 경우가 많다. 선인들이 산에 새긴 것일 텐데 여기에서는 고인돌에 나타난 쐐기홈과 산의 쐐기홈들이 생명형상을 표현하고 있는지 살펴보고자 한다.

먼저 앞에서 본 고인돌에 쐐기홈이 나타나 있는 경우를 보자. 대다수의 홈은 바위 외곽에 자국으로 남지 않고 바위 면에 남아 있다. 고인돌 바위를 암반에서 채석하여 바위를 잘라 냈다면 쐐기홈은 고인돌 바위 외곽에 절반 정도가 잘린 자국으로 남아 있어야 한다. 그런데 바위 면에 온전한 형태로 남아 있어 이 쐐기홈들은 바위를 잘라내기 위한 것이 아닌 것으로 추정할 수 있다.

〈화순 운포고인돌〉

중간 부분에 쐐기홈이 남아 있다.

쐐기홈이 눈을 이룬다.

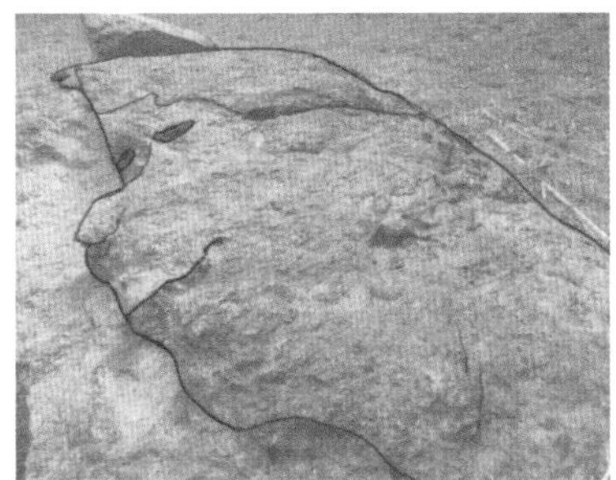

〈제천 방흥리고인돌〉

큰 바위구멍에 물이 고였다.

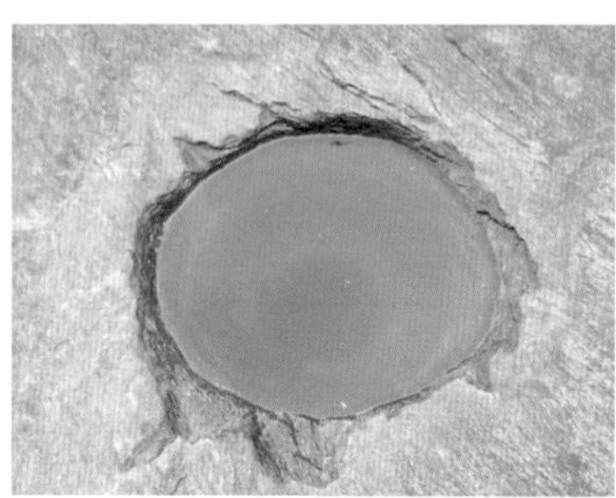

바위구멍과 옆에 고인 물이 두 눈이며, 쐐기홈이 주둥이를 표현하는 형상이다. 바위구멍 옆에 고인 물은 증발하여 곧 사라질 것이므로 이 형상은 일시적으로만 유지될 것이다.

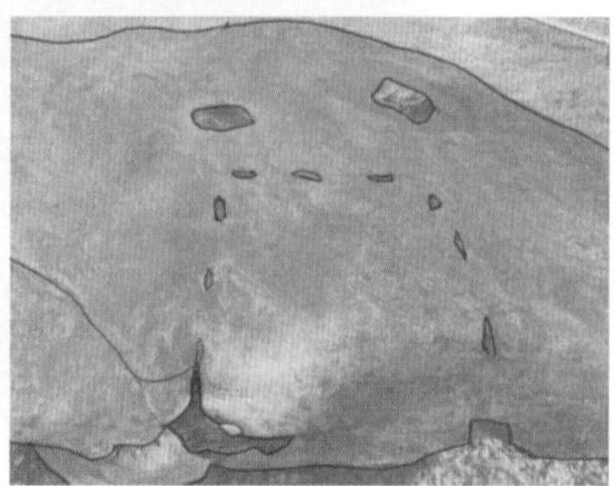

〈순천 고인돌공원〉

옆면에 쐐기홈이 보인다.

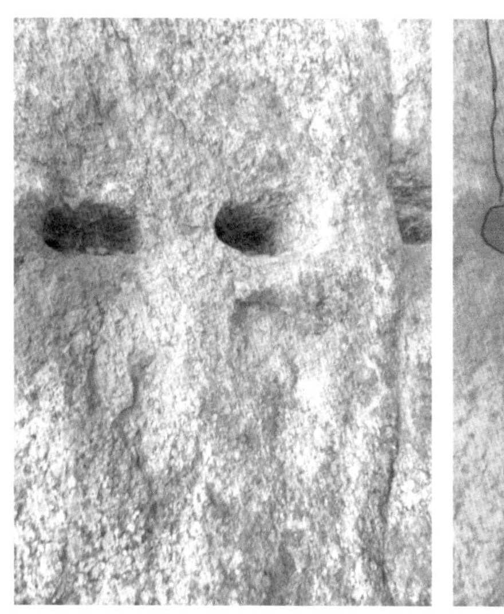

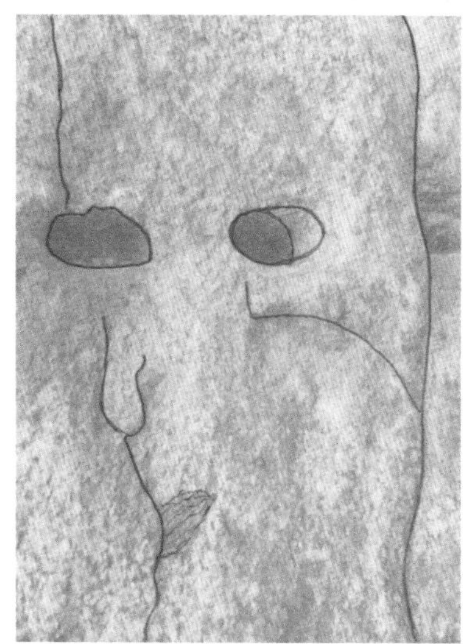

두 개의 쐐기홈이 눈을 표시한다.

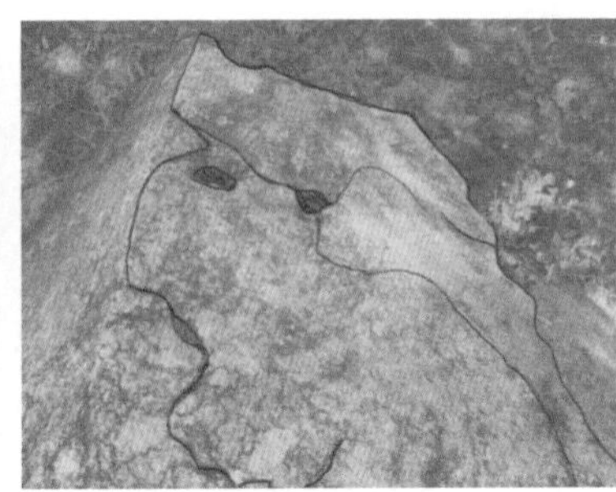

윗면에 쐐기홈이 있다.

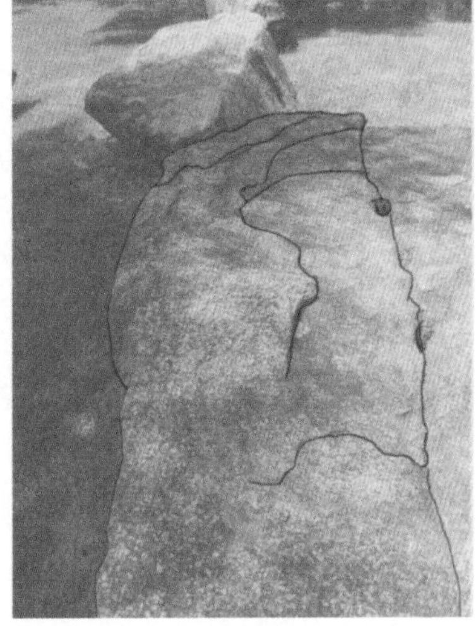

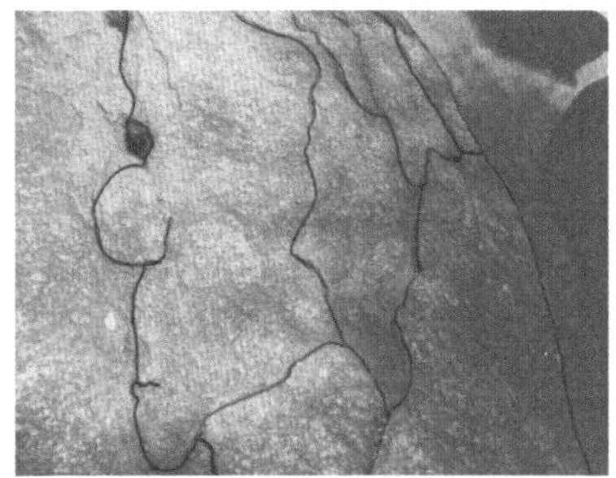

쐐기홈이 한 눈을 이룬다.

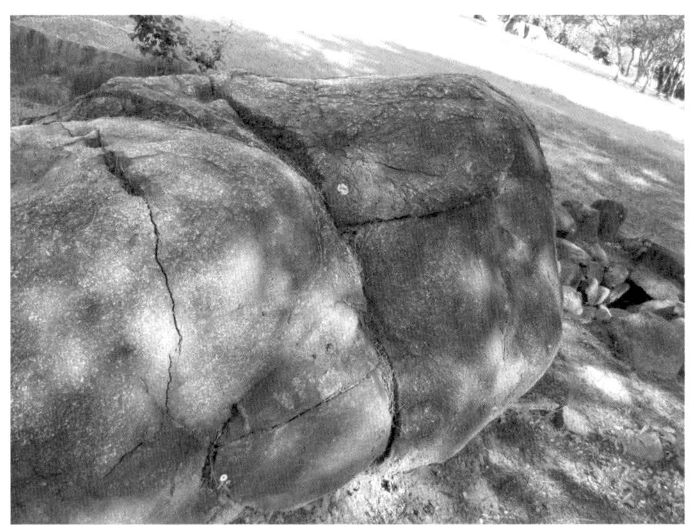

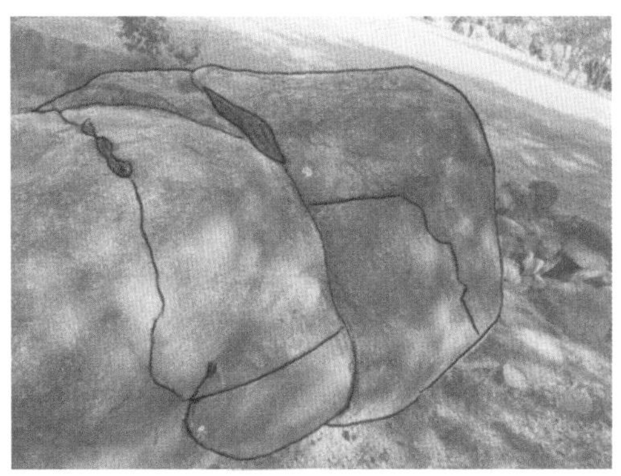

뚜렷한 인물상에 쐐기홈이 나타나 있다.

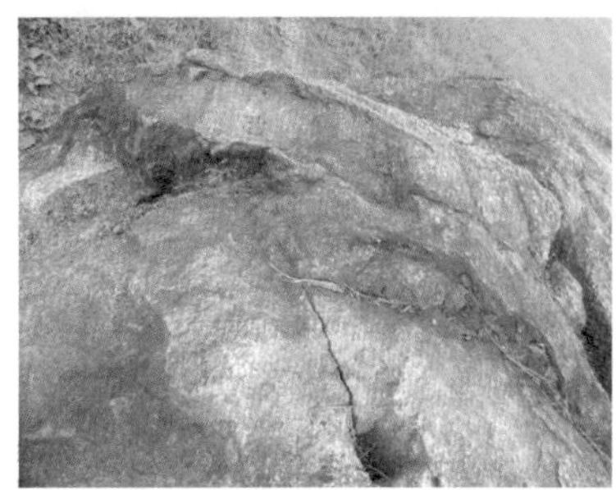

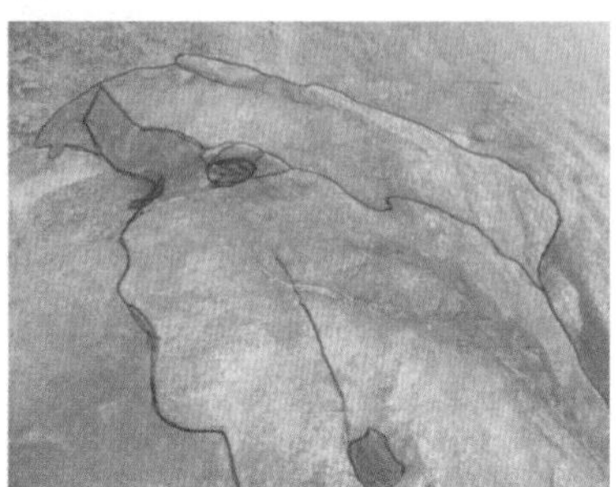

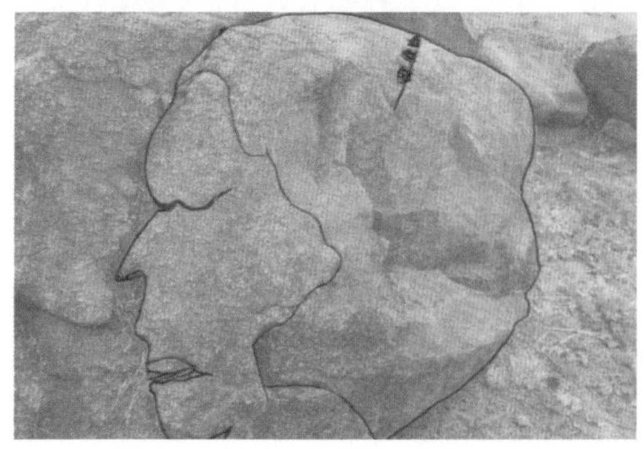

다음 고창 고인돌들의 반듯하게 잘린 부분을 보면 쐐기홈을 이용하여 자른 것이 아님을 알 수 있다.

고령 장기리암각화가 새겨져 있는 암반이 반듯하게 잘려져 있는데 쐐기홈으로 자른 흔적이 없다.

바위에 쐐기홈을 이용하여 충격을 줘 자른다면 바위는 일자로 끝부분까지 잘릴 것이다. 그런데 이들 바위는 직각 형태로 잘려져 있고 잘린 면이 칼로 자른 듯 반듯하여 바위를 자르는 다른 도구가 있었을 것으로 판단된다.

반듯하게 잘린 고인돌이 생명형상을 나타냈다. 잘린 부분의 홈이 눈의 기능을 한다.

〈순천 고인돌〉

산에 나타난 쐐기홈을 살펴보자.

〈해남 대흥사〉

바위의 윗면에 작은 크기의 쐐기홈이 있다.

쐐기홈이 형상의 입을 표시하였다.

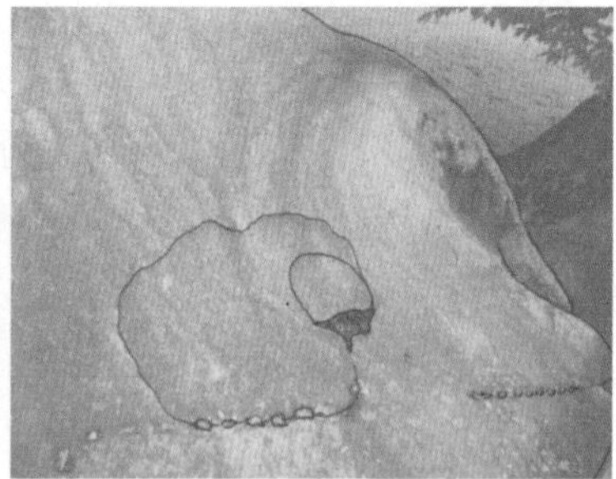

〈경주 마석산〉

쐐기홈이 형상의 목과 눈을 표시하였다.

〈부산 범어사 계곡〉

가로·세로로 쐐기홈이 파여 있다.

〈서울 인왕산〉

인왕산에는 유난히 쐐기홈이 나타난 바위가 많은데, 쐐기홈의 크기도 크고 깊게 파여 있다.

절벽 아래 바위가 보인다. 바위에는 쐐기홈이 파여 있다.

이 바위를 가까이에서 보아서는 길게 홈이 파여 있는 것으로 보일 뿐 쐐기홈으로 보이지 않는다. 쐐기홈이 윗면에 있기 때문이다.

쐐기홈이 눈의 역할을 한다.

윗면에도 인물상들이 중첩되어 나타난다.

〈인왕산 수송동 계곡의 인물상〉

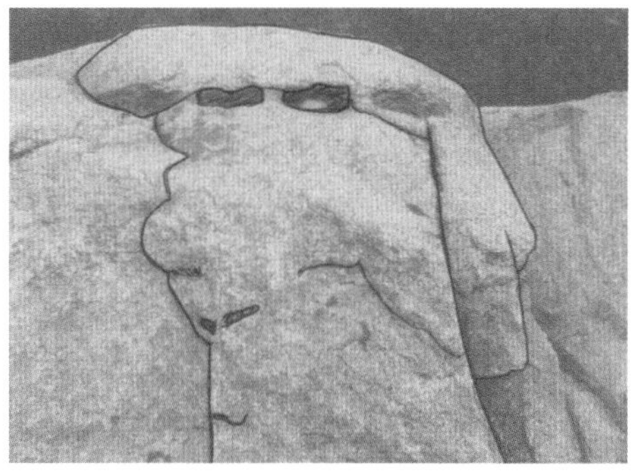

산에 쐐기홈을 이용한 생명형상이 나타나 있다는 것은 선인들이 고인돌에서처럼 산에도 생명형상을 새기고 있다는 것을 잘 보여 준다.

산에 나타난 쐐기홈은 생명형상을 새기는 기능과는 관계가 없는 경우가 대다수이며 바위를 자르기 위한 것도 아닌 것으로 보이는 경우가 많다. 이런 쐐기홈들은 선인들이 생명형상을 새기고 있다는 것을 '표시하는' 역할을 하는 것으로 생각된다.

〈문경 봉암사 계곡〉

바위를 빙 둘러 가며 쐐기홈이 파여 있다.

쐐기홈이 인물상의 눈과 윤곽선을 이룬다.

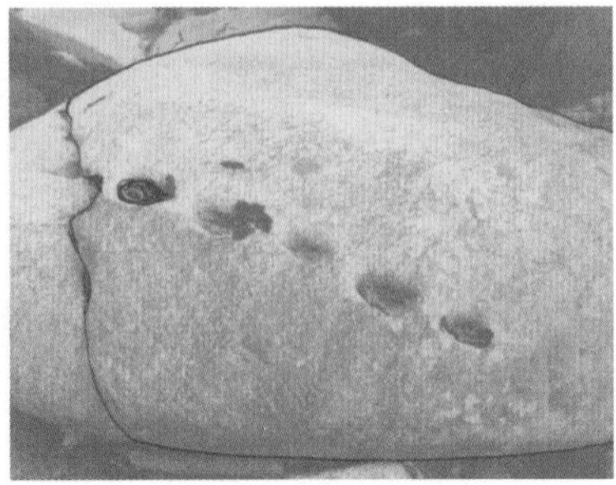

쐐기홈이 형상의 눈을 표시하였다.

위의 바위를 자세하게 보면 선을 따라 쐐기홈이 파여 있다. 그런데 쐐기홈이 선의 아래쪽에만 파여 있고 위쪽은 쐐기홈과 관련이 없다.

선이 쐐기홈 안쪽까지 이어져 있는데 쐐기홈 안쪽의 선이 더 깊다. 쐐기홈을 판 후 쐐기홈 안쪽의 선을 별도로 그어 옆의 선과 이은 것을 알 수 있다.

위 바위 가까이에 선으로 눈을 표시한 형상의 바위가 있는데, 위의 바위는 이런 형태로 선을 긋고, 선에 맞추어 쐐기홈을 판 뒤 쐐기홈 안쪽에 선을 그었을 것이다.

다음 고창의 고인돌에도 반듯한 선들이 형상의 눈과 입을 표시하여, 고인돌을 조성한 선인들에 의해 그어진 것임을 알 수 있다.

이들 봉암사 계곡의 쐐기홈이 새겨진 바위들은 서로 가까운 곳에 모여 있는데, 이는 고인돌을 조성한 선인들이 산에서도 유사한 일을 행하였다는 것을 알아볼 수 있도록 증거로 남긴 것이 아닐까 한다.

4. 나주 암각화와 고인돌 채석장

작은 동산 암벽에 암각화가 새겨져 있고, 이 암벽에서 채석한 바위로 바로 앞쪽에 고인돌을 조성해 놓았다. 우리나라에서 처음으로 확인된 고인돌 상석 채석장 암각화라 한다.

상석채석장은 안성마을 서쪽 해발 52m의 봉사이태산 북쪽에 위치하며, 북쪽에는 운곡동 안성지석묘군이 위치한다. 이 유적은 (재)마한문화연구원에 의해 2008년 2월~2009년 3월에 걸쳐 실시된 나주 지방산업단지 2차부지 조성사업을 위한 발굴 조사과정에서 확인되었다. 암반의 중앙부에 동-서로 형성된 점토층이 있어 남과 북으로 나누어지고 암반 여러 곳에 지석묘 상석을 채취한 흔적이 남아 있다. 또한 채석장 중앙부를 중심으로 총 10여 곳의 암벽과 평면에서 사다리형태의 암각화가 확인되었다. 암각화는 가는 선으로 이루어져 있어 크기와 모양이 각각 다르나, 사다리형태로 가로와 세로의 선각을 새기고 중앙부에 ×모양의 도형을 배치하고 있어 전체적인 형태는 거의 비슷하다. 암각화의 규모는 대체로 20~40cm 내외이며, 선각의 세로간격은 0.2~4㎝, 가로간격은 2~5㎝ 내외이다. 한편 바로 앞쪽에 위치한 운곡동 안성지석묘의 상석에서도 동일한 문양의 암각화와 성혈이 확인되었다. 이 암각화는 우리나라에서 처음으로 확인된 지석묘 상석채석장 암각화로 선사시대의 지석묘 축조와 관련된 의례 행위를 밝힐 수 있는 매우 귀중한 자료이다.

상석의 바위를 채석하였으므로 이곳 암벽은 원래의 상태가 아니다. 이곳에 생명형상이 나타나 있다면 이는 풍화에 의한 것이 아닌 암각화를 새긴 선인들에 의한 것일 거라 판단할 수 있다.

안내판에 암각화 위치가 표시되어 있고 네 곳의 암각화 사진이 게시되어 있는데 사진이 흐릿하였고, 얕게 새겨져 있어서인지 규모가 작은 암반에서 암각화를 찾기도 쉽지 않았다. 암각화가 기존의 것과 완전히 다른 직선의 반복 형태라 연구가 쉽지 않고 그 의미가 아직 밝혀지지 않았다 한다.

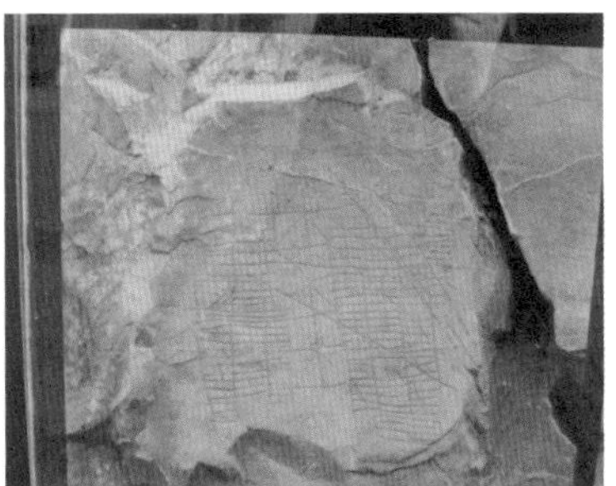

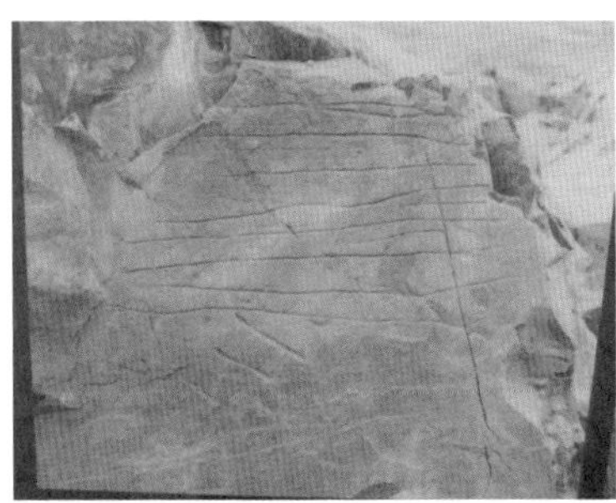

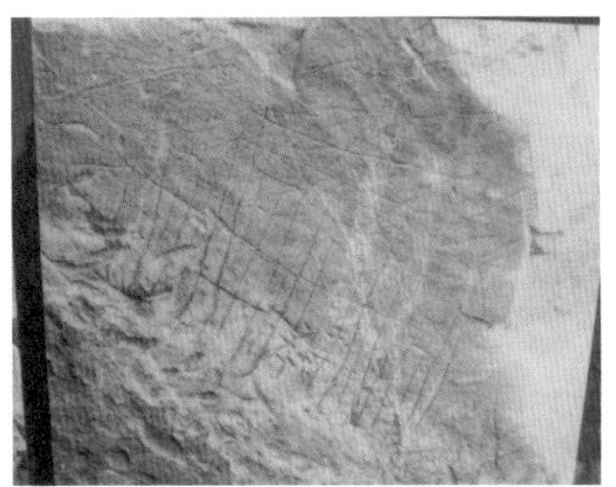

암각화 주변 암석에 나타난 형상.

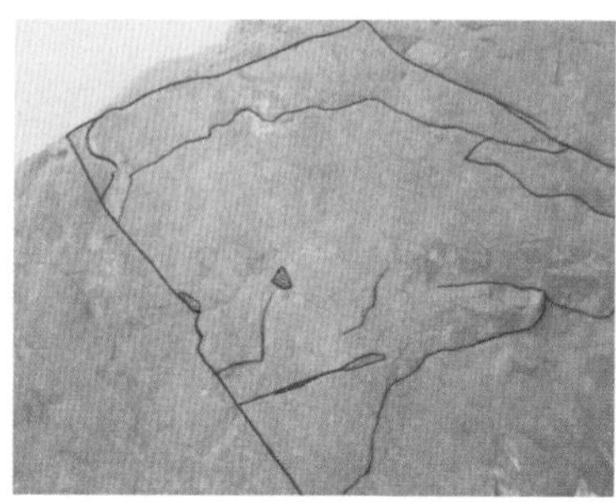

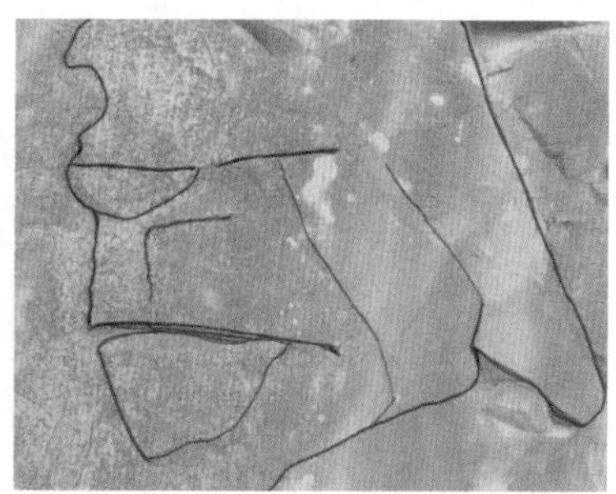

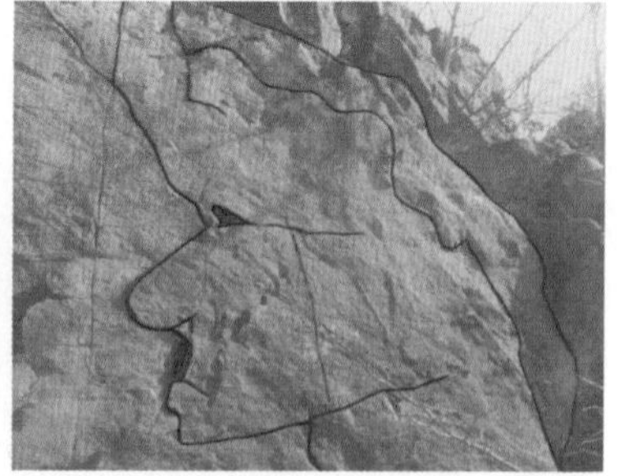

조각하듯 형상을 조성하였다.

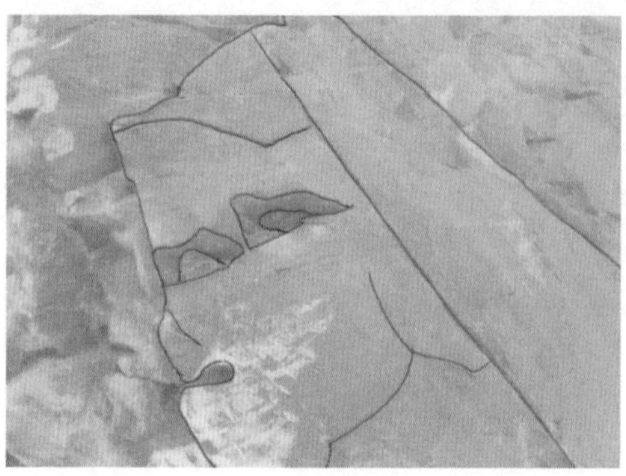

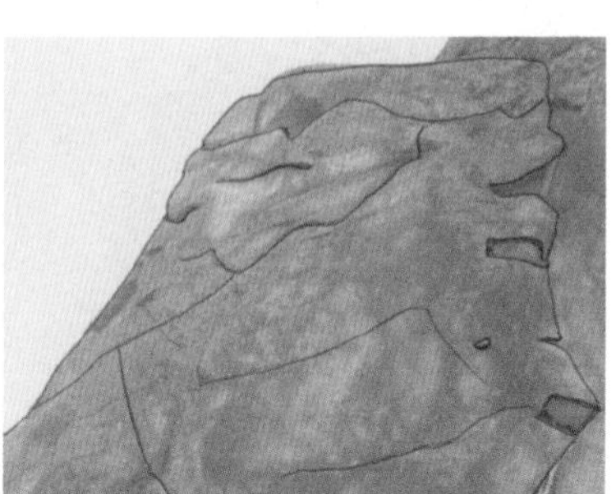

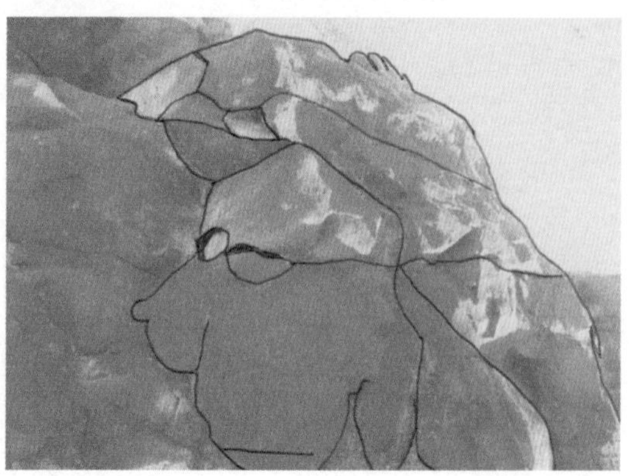

긁어서 그린 듯한 흰 선이 형상을 나타낸다.

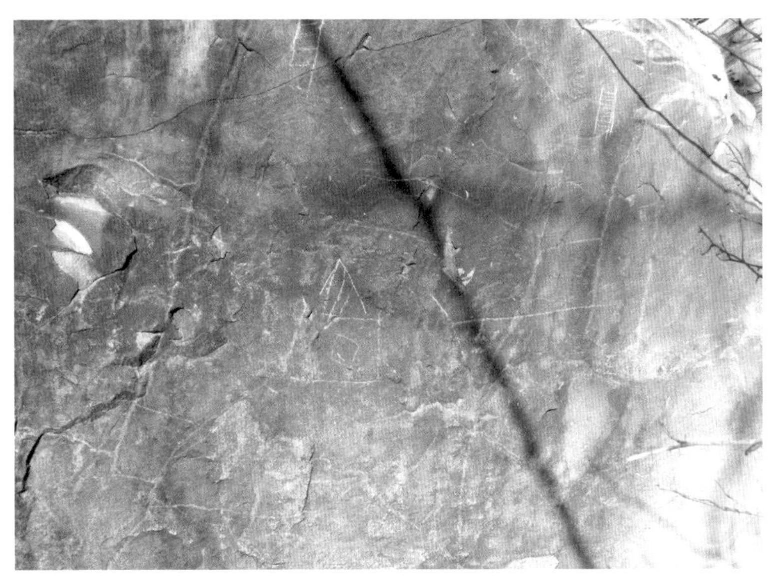

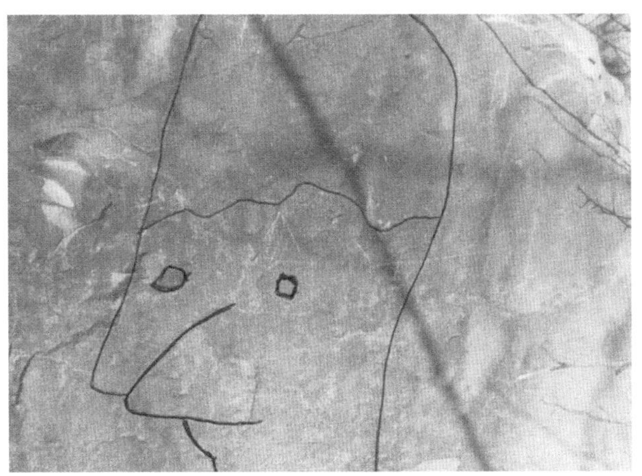

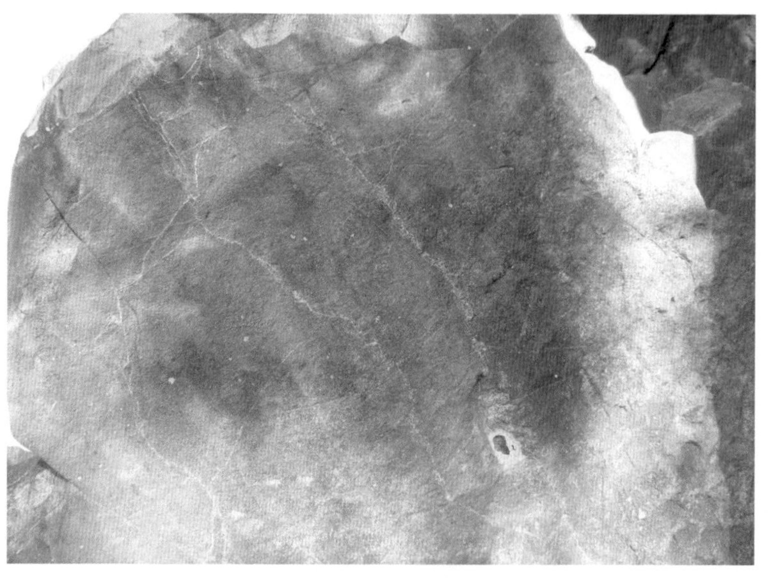

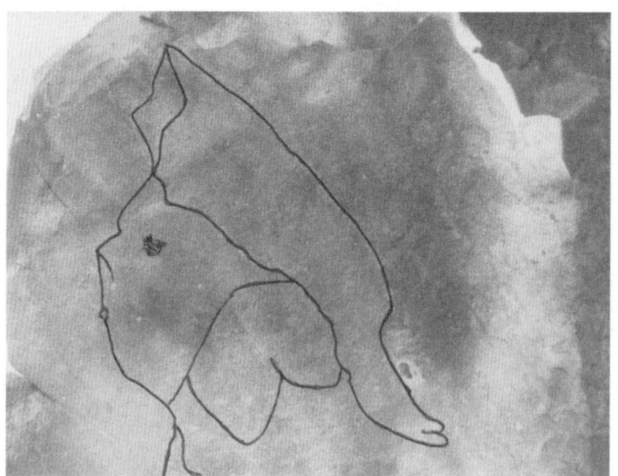

바닥 암반에 인물상이 보인다.

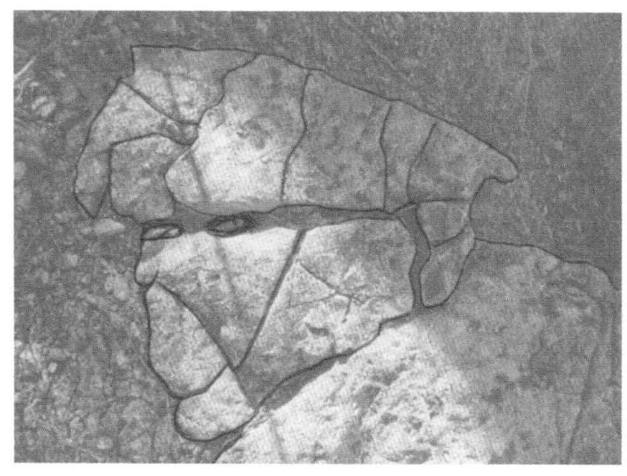

앞에서 살펴본 암벽 아래쪽에 넓게 암반이 펼쳐져 있다.

여기에도 암각화가 새겨져 있고, 선이 뚜렷한데 안내판에는 표시되어 있지 않다.

바닥 암반에 나타나 있는 형상을 살펴보자.

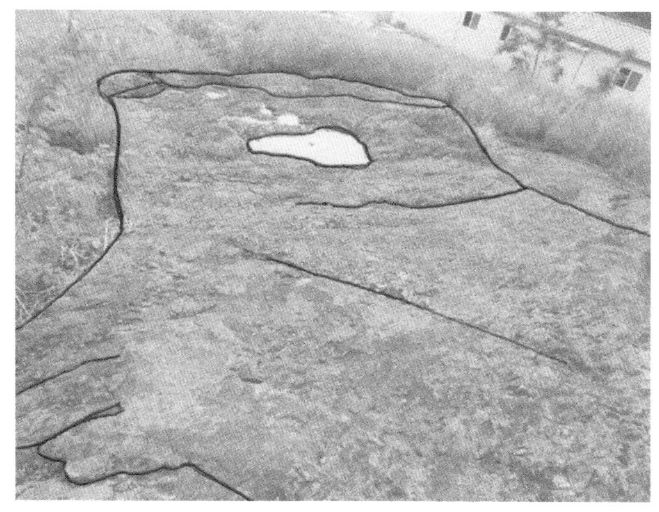

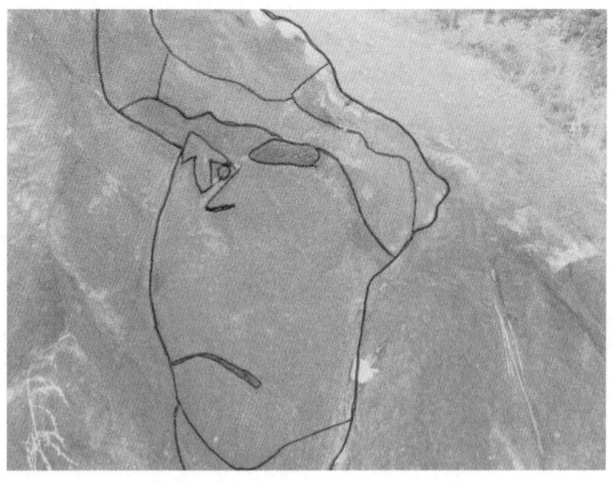

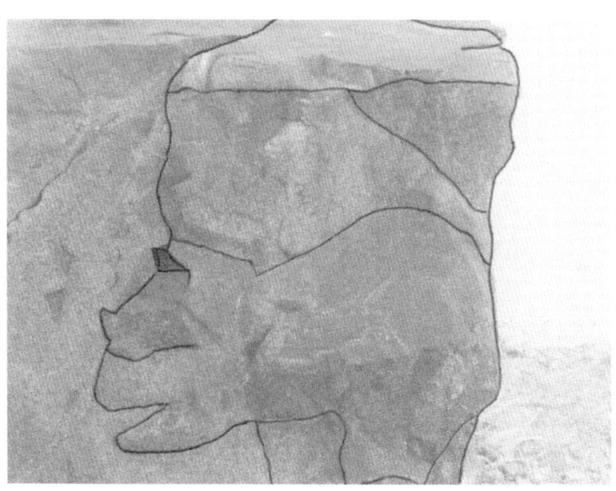

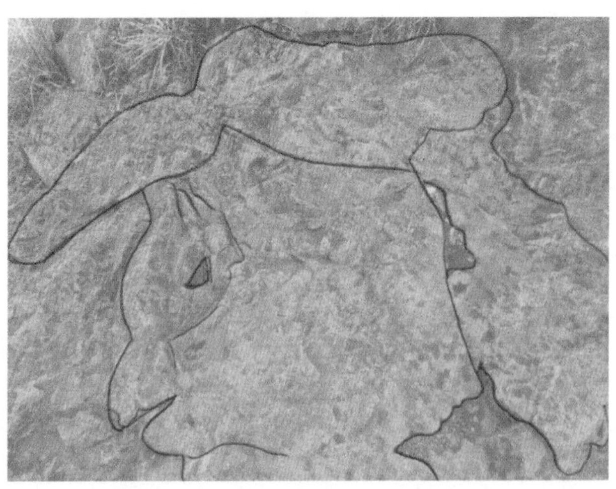

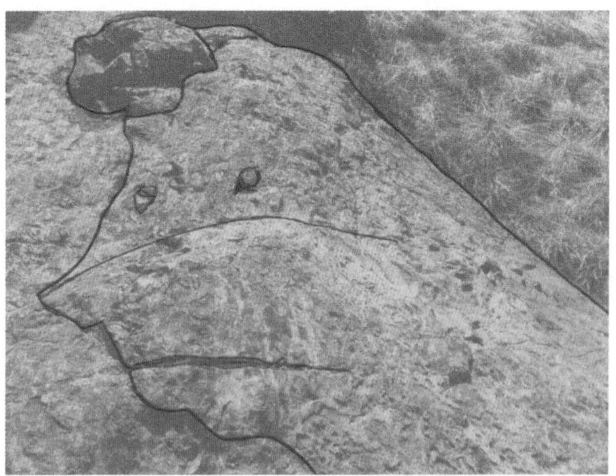

평평한 진흙 판에 그어진 듯한 선들이 패이지 않고 돌출되었다.

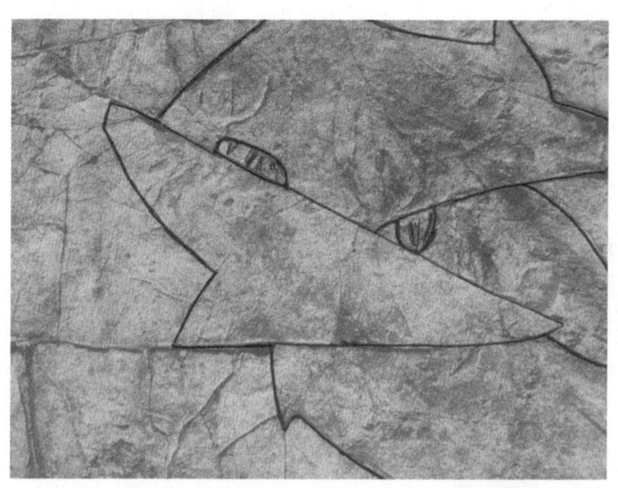

다양한 표현에 놀라지 않을 수 없다.

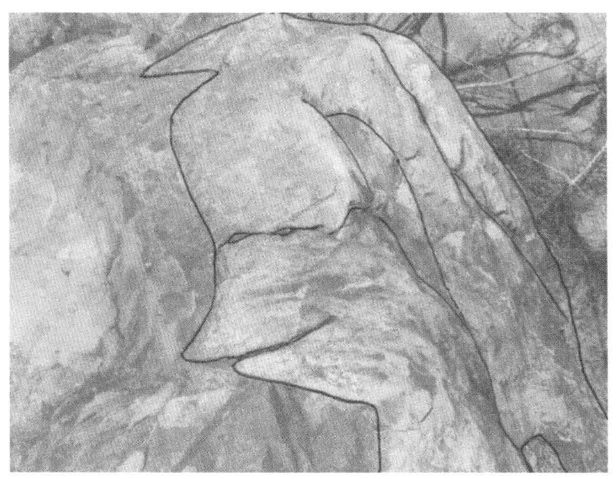

안내판의 암각화를 보자. 암각화가 그려진 곳이 인물상을 이루고, 암각화에도 인물상이 나타난다. 이외에 여러 형상이 중첩되어 나타난 것으로 보인다.

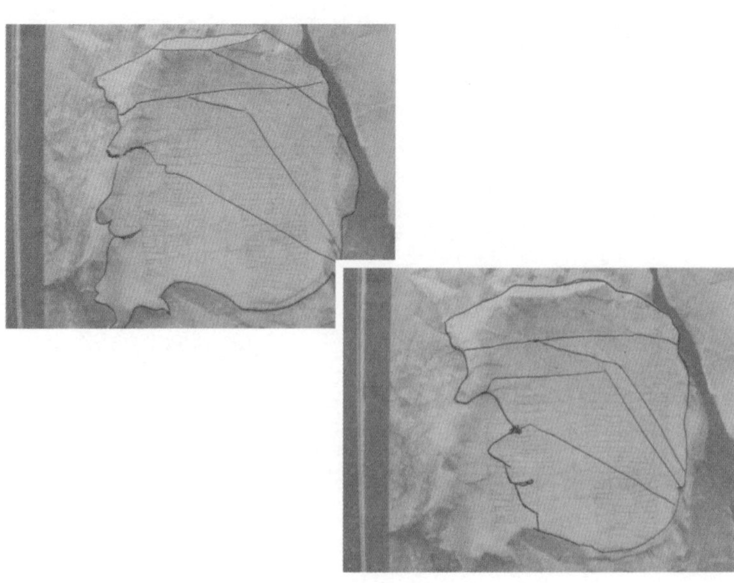

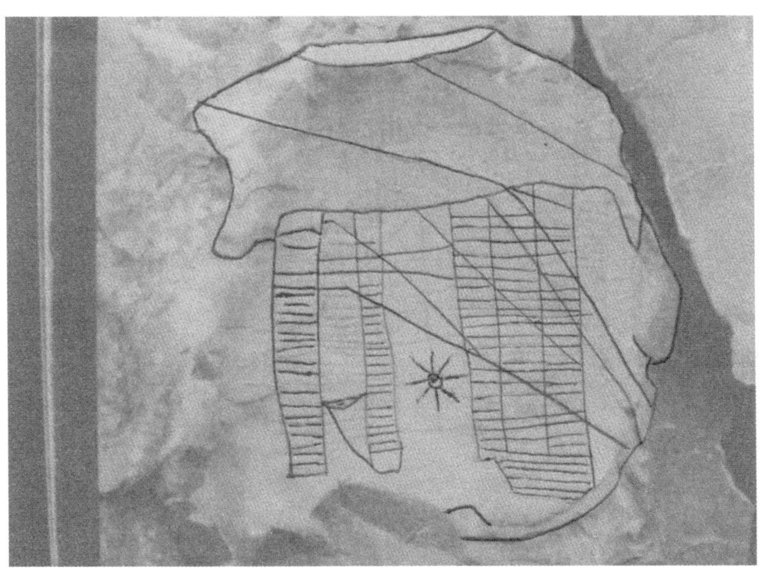

앞쪽에 전시된 고인돌을 살펴보자.

고인돌에 암각화가 그려진 채석장의 무늬와 유사한 무늬가 보인다.

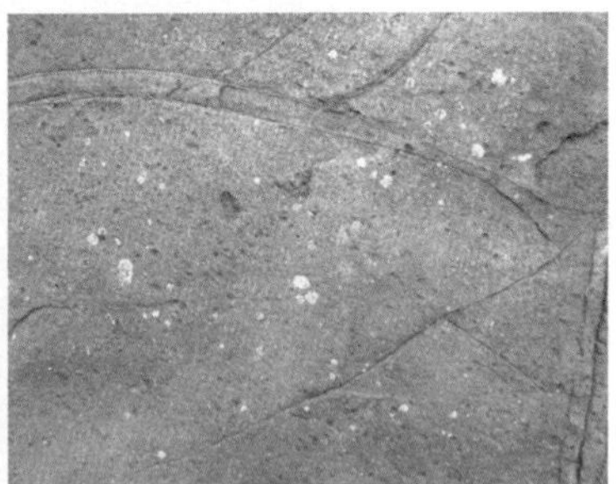

무늬를 이용하여 형상을 표현하였다.

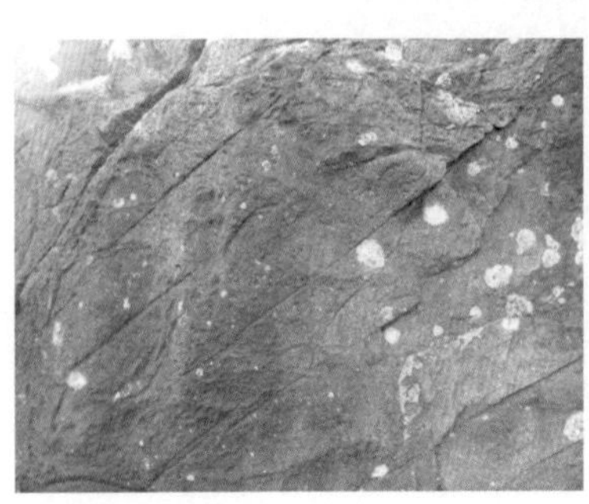

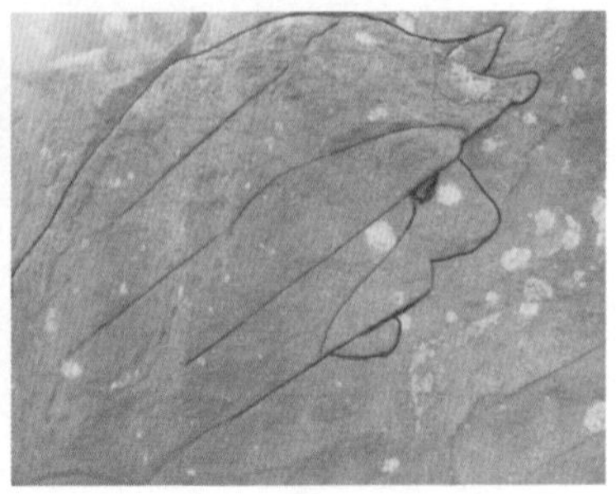

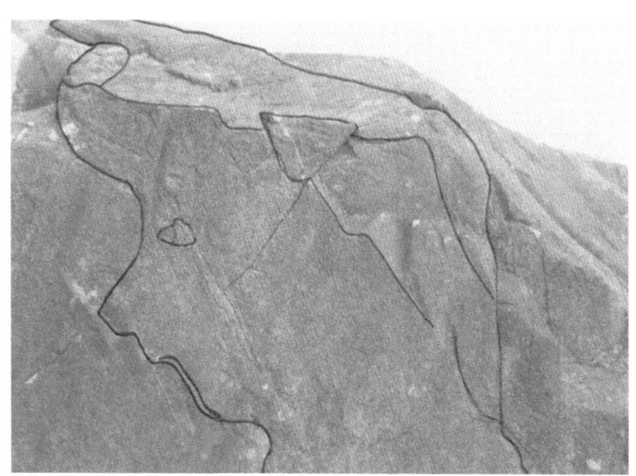

채석장 암반 전체와 부분에도 형상이 나타나 있다.

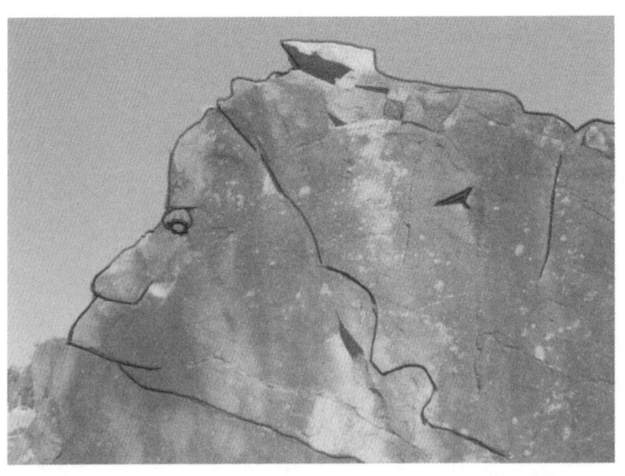

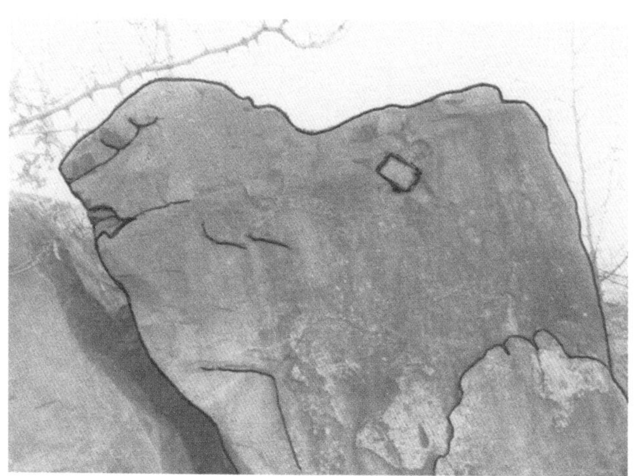

5. 안동 수곡리암각화와 주변의 암반

수평면의 암반에 암각화가 새겨져 있다.

수평면인 곳에 장구한 세월 동안 식물이 자라지 않을 수는 없다. 바위가 풍화되어 부스러지며 흙이 쌓이거나 나무뿌리가 암반을 파고 들어가 틈새를 넓히며 자라게 될 것이기 때문이다.

자연적으로 형성된 수평면의 바위에 암각화를 새긴 것이 아니라 산을 깎아 바위를 드러내고 다듬어 암각화를 새겼다고 보아야 하겠다. 암각화에는 말굽 모양이나 윷판 등이 새겨져 있다고 한다.

말굽 모양의 문양이 형상의 입을 표시한다.

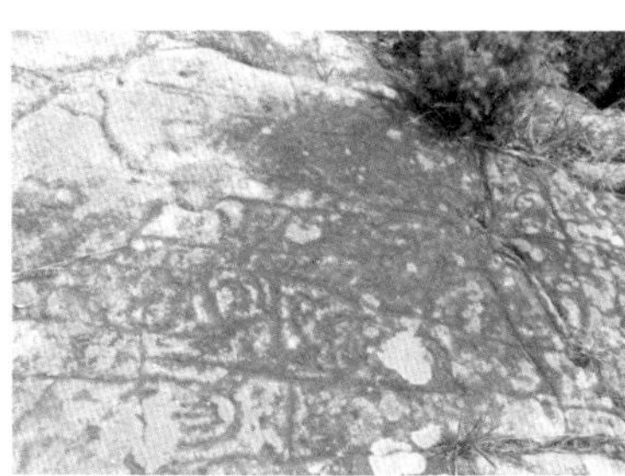

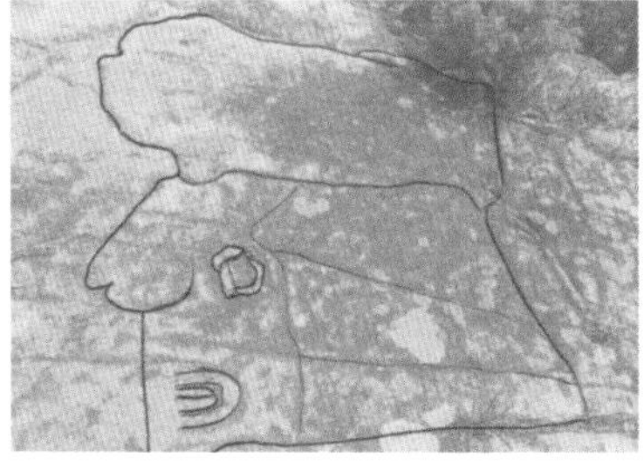

암각화가 새겨진 곳이 인물상을 이룬다. 문양이 형상의 눈을 표시하였다.

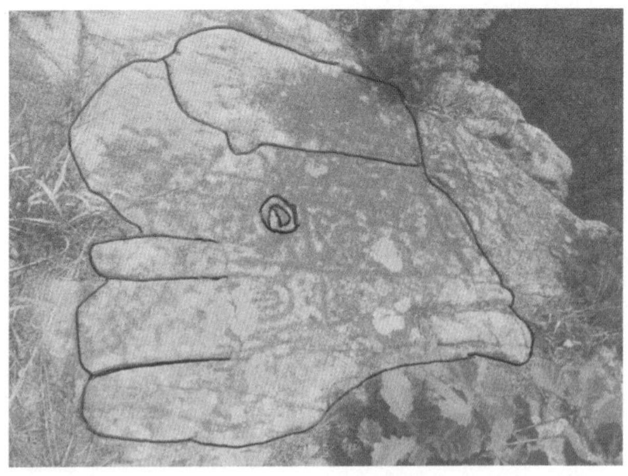

다양한 형상.

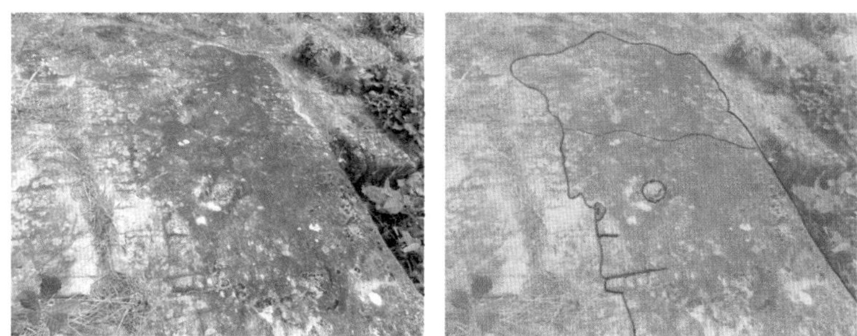

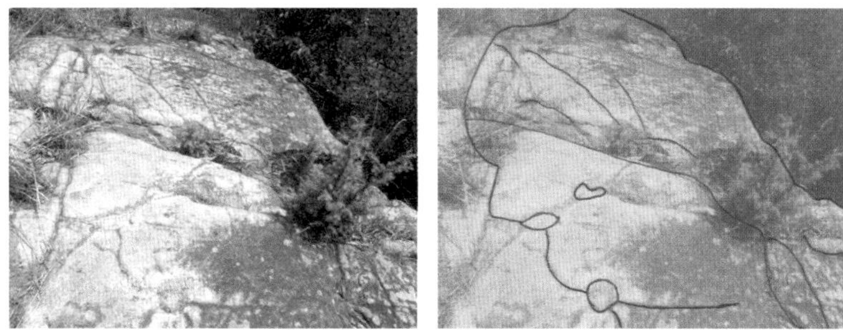

많은 줄이 그어져 있으며 크게 남녀의 인물상이 보인다. 눈, 코, 입을 공유하며 나타난다. 세부적으로도 많은 형상이 있을 것이다.

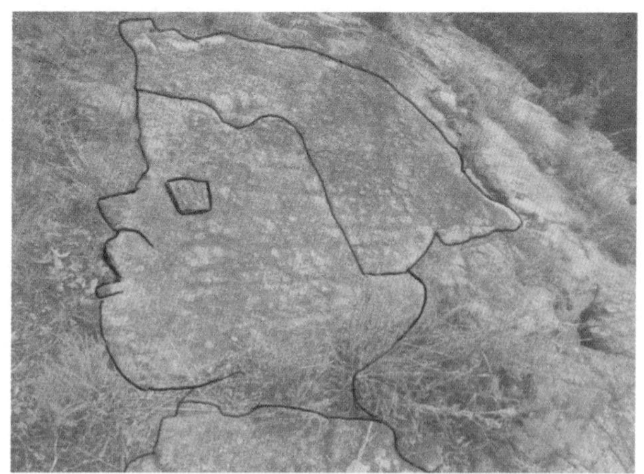

바위구멍에 물이 고여 눈을 표시한다.

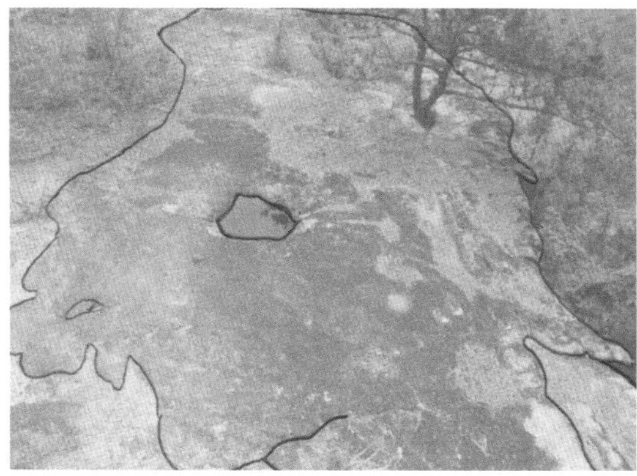

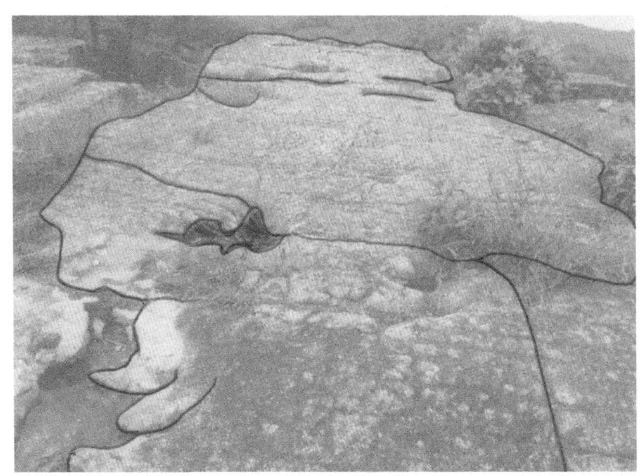

암각화가 새겨진 암반의 옆쪽 면에도 생명형상이 나타난다.

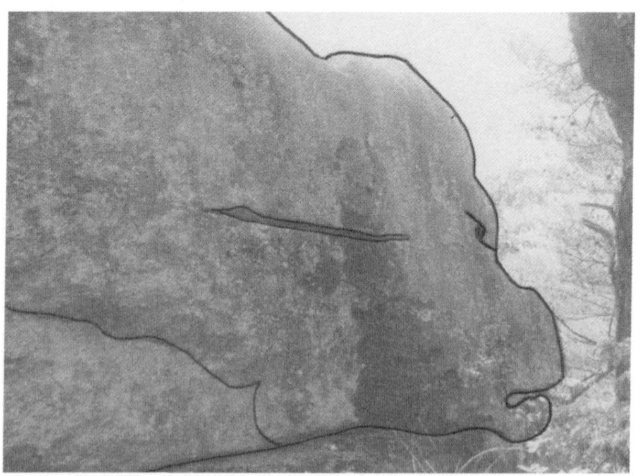

수곡리암각화는 형상을 새기는 것이 주목적이 아닌 듯하다. 암각화가 새겨진 곳이 어떻게 형성되었는지 즉 자연이 아닌 사람에 의한 것이라는 걸 알리는 기능이 있지 않을까 한다. 앞에서 언급하였듯이 암각화가 새겨져 있으므로 사람에 의하여 바위가 평평하게 다듬어졌으리라 추정할 수 있기 때문이다.

그런데 암각화가 새겨진 지 오랜 시간이 지났을 텐데 수평면인 곳이 어떻게 식물에 덮이지 않고 암반이 그대로 드러나 있을까? 이유는 배수로 역할을 하는 골을 많이 파 물이 잘 빠지도록 하고, 상부 쪽에서 흙이 밀려 내려오지 않도록 암반의 하부 쪽을 더 높게 경사를 조절하였기 때문인 듯하다.

〈주변의 암반〉

수곡리암각화 인근의 숲 사이로 암반이 드러났다.

줄이 그어져 있고 색감을 활용하여 형상을 나타냈다.

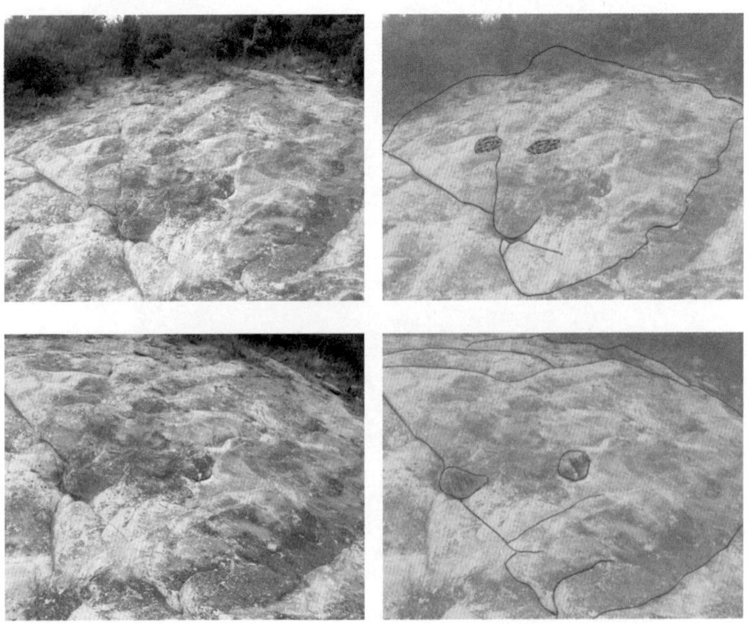

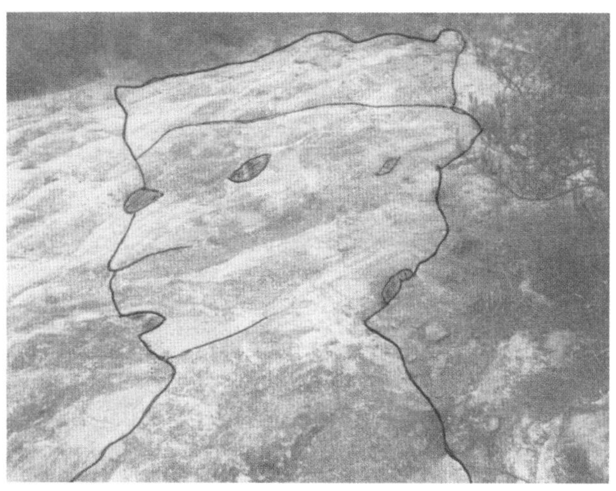

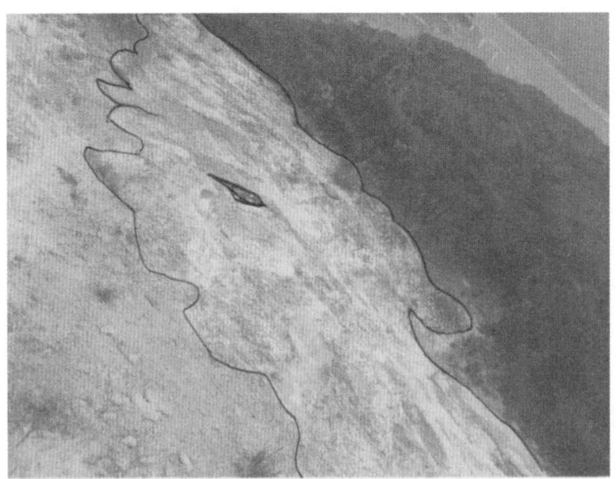

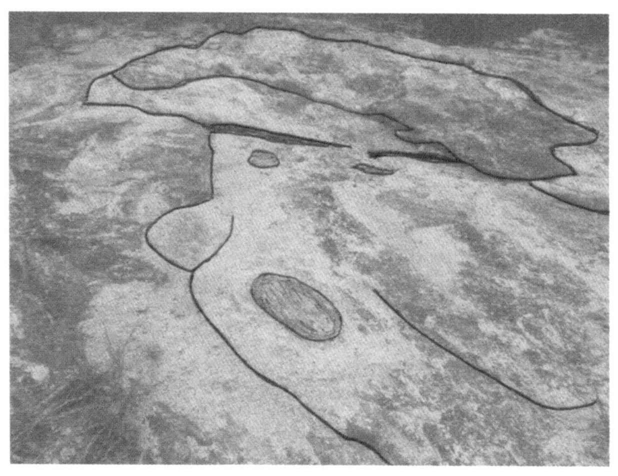

이곳 암반은 능선의 정상부에 가까워 밀려 내려오는 토사가 적고 경사가 져, 비가 오면 토사가 쓸려 내려가기에 숲으로 덮이지 않고 현 모습을 유지하고 있는 듯하다.

수곡리암각화와 이곳 암반 주변의 산세를 보면 숲에 완전히 덮여 있다.

암각화가 새겨진 곳뿐만 아니라 이곳 암반도 선인들에 의하여 암반이 드러나고 형상이 새겨졌을 것이다. 선인들은 나주 암각화에서처럼 고인돌 바위를 채석하거나, 수곡리암각화에서처럼 암각화를 새기기 위해서만 산의 암반을 드러낸 것이 아니고, 일반 산에서도 암반을 드러내 생명형상을 새겼다는 것을 알 수 있다.

3장

산의 암반에 나타난 생명형상

앞에서 선인들이 바위를 채석·운반하여 생명형상을 새긴 고인돌을 조성하였고, 일반 산에서도 암반을 드러내고 다듬어 생명형상을 새겼다는 것을, 사람이 행한 것이 확실한 것 위주로 살펴보았다.

이번 3장에서는 고인돌이나 암각화와 관계가 없는, 일반 산 그리고 계곡의 암벽이나 바위에도 생명형상이 새겨져 있는지를 본격적으로 살펴보기로 하자.

원래 바위가 드러난 곳에 형상을 조성한 것인지 바위를 드러나게 한 후 새긴 것인지도 함께 검토할 것이다. 생명형상은 계곡 암반에 더 뚜렷하게 나타나는 경우가 많으므로 알아보기 쉬운 계곡을 먼저 살펴보기로 하자. 한 곳을 자세하게 보기보다 여러 곳의 뚜렷한 형상을 간추려 살펴보기로 한다.

1. 장성 병풍산 계곡

병풍산의 여러 계곡 중 두 곳을 답사하였다.

모자를 쓴 듯한 두 인물상이 양쪽으로 나타난다.

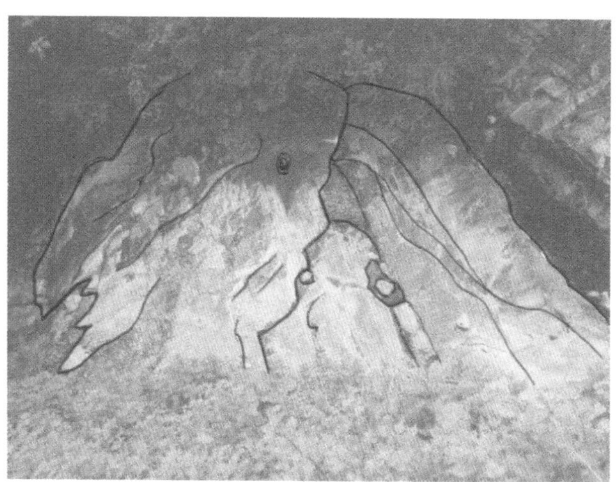

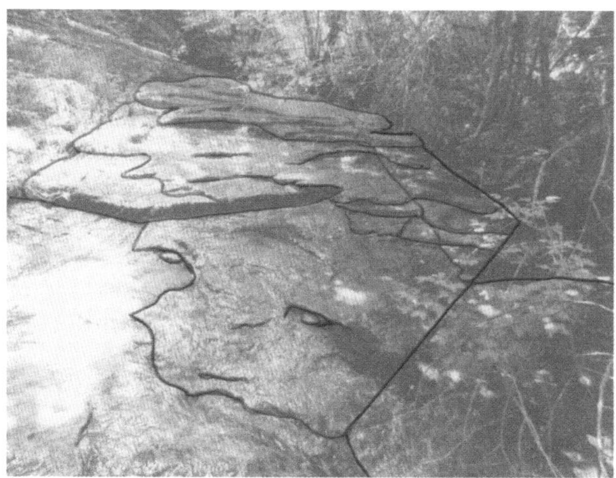

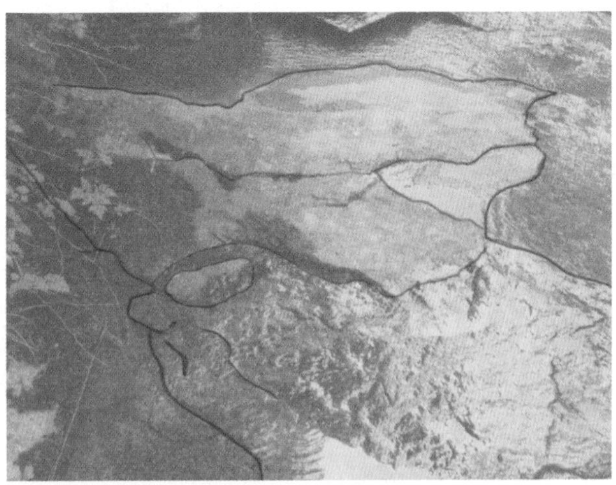

계곡의 바위들은 물의 지속적인 마모 작용으로 매끄러워진다. 각진 모양은 물의 작용으로는 형성될 수 없다.

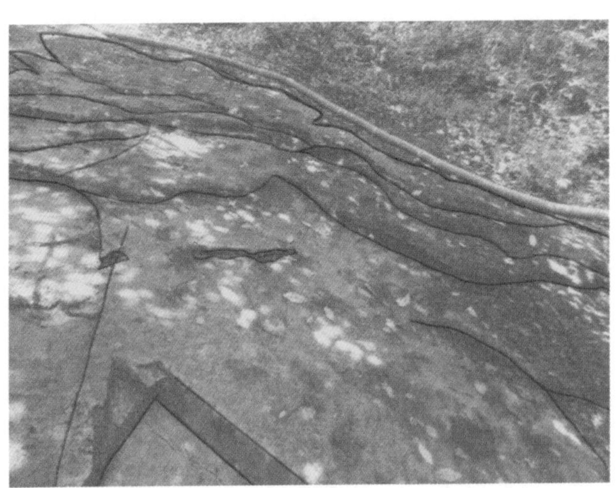

좌측의 여성상과 우측의 남성상이 서로 마주 보는 형상이며 나뭇가지가 여성상의 입 부위에 절묘하게 놓였다.

고인 물이 두 눈을 표시하였다.

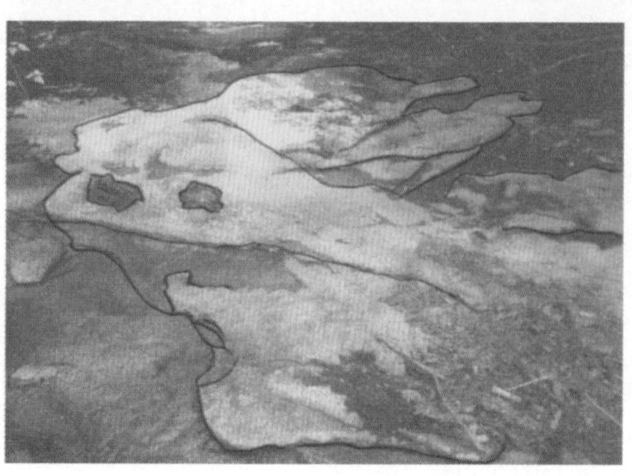

얕게 파낸 곳에 물이 흐르며 형상을 나타낸다.

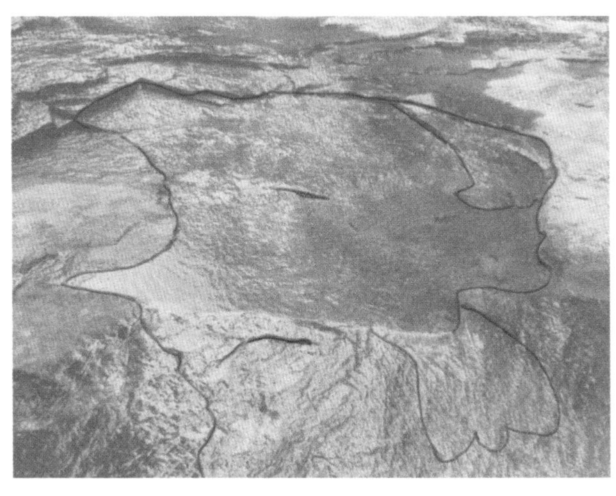

물의 형태가 형상을 보여 준다.

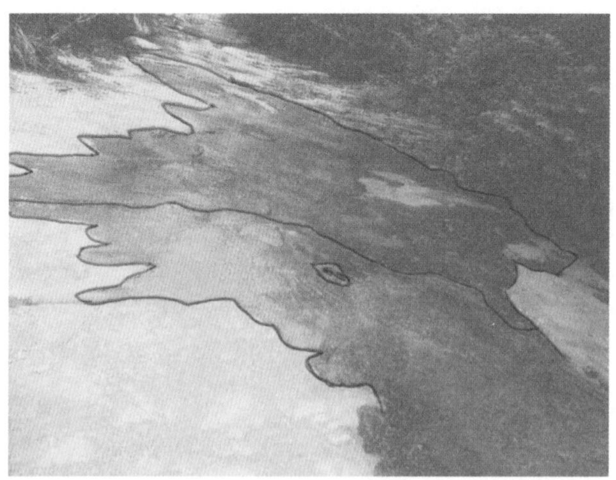

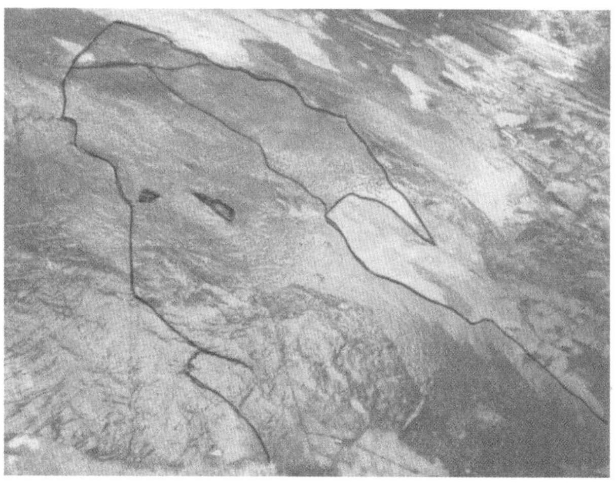

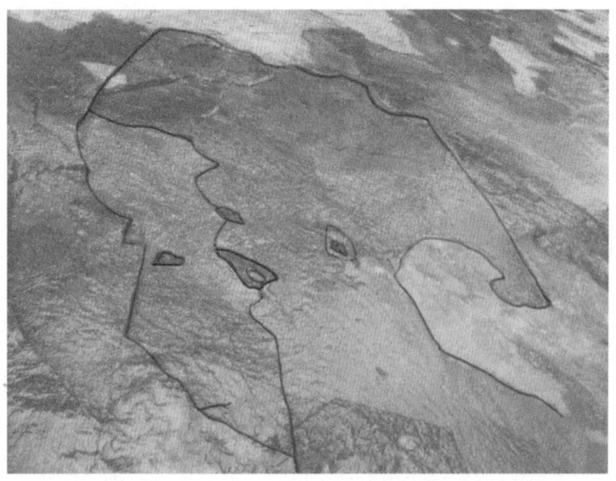

고인 물이 인물상을 이룬다.

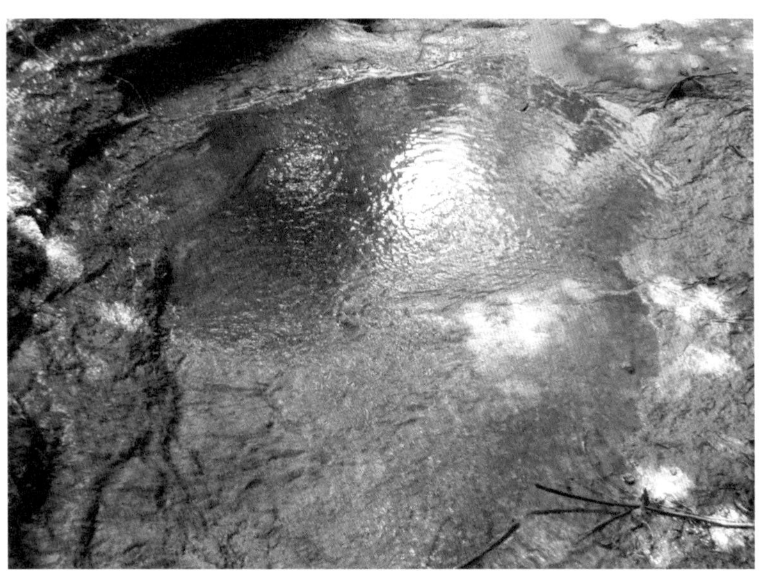

바위에 쐐기홈이 새겨져 있는데 그 깊이가 얕아 앞에서 살펴본 쐐기홈들과 형태가 다르다. 암반이 아닌 바위에 새겨져 있는데, 바위를 잘라 낸 흔적이라기보다 선인들이 남긴 일종의 표시일 것으로 보인다.

선인들의 행적과 현대인의 행적은 많이 다른 듯하다. 자연스러운 물길의 흐름을 계단화 하였다.

아름답고 자연스러웠을 물길에 불필요해 보이는 삭막한 수로를 길게 설치하고, 산 쪽에까지 돌을 쌓아 축대를 만들었다.

사방댐이 필요하더라도 선인들이 아름답게 가꾸어 물려준 계곡의 훼손을 최소화하여야 하지 않을까.

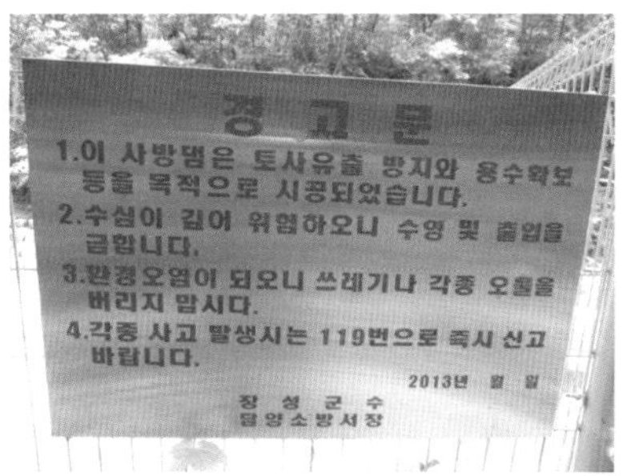

2. 거창 수승대

암반과 바위에 나타난 형상을 살펴보자.

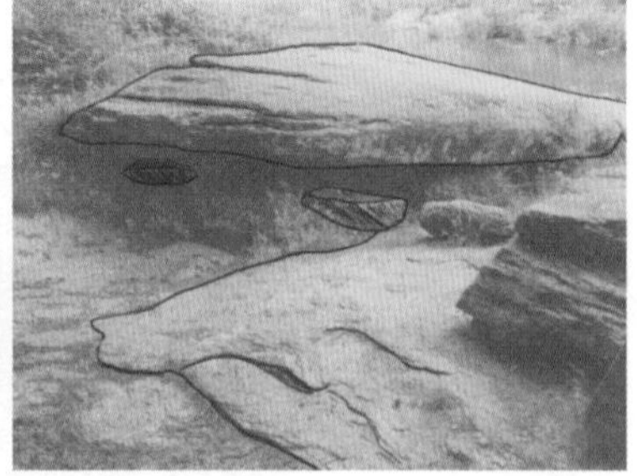

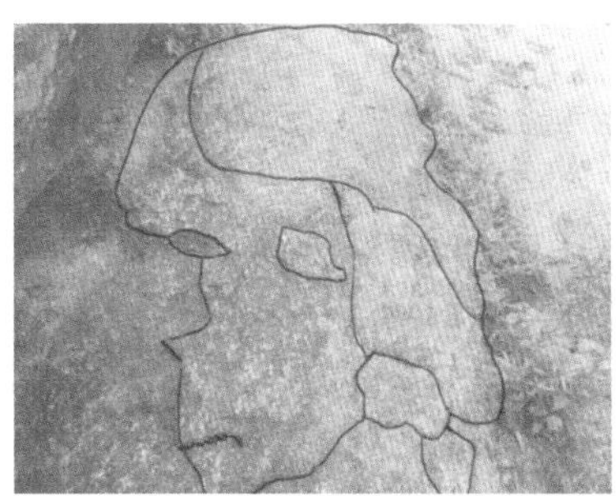

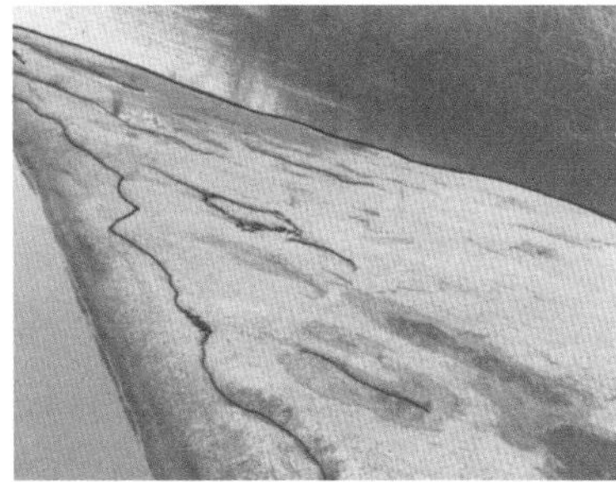

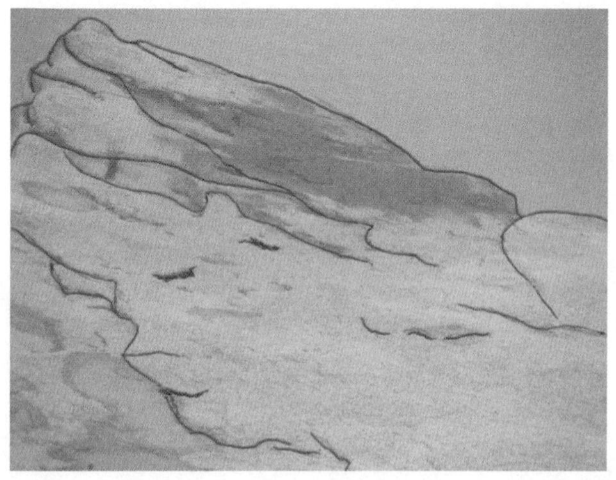

흐르는 물이 눈을 이룬다. 입의 형상이 뚜렷하다.

고인 물이 눈을 이룬다.

고인 물이 큰 눈을 이루며, 물고기 형상으로 볼 수 있을 듯하다.

위의 고인 물이 인물상을 나타낸다.

흐르는 물이 눈을 이루는 형상.

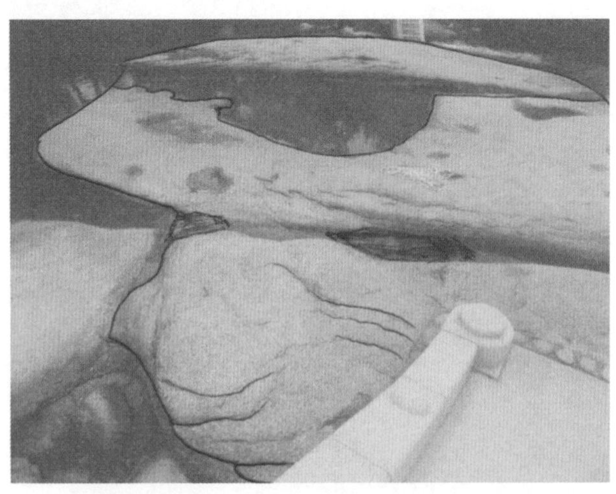

흘러내린 물이 형상의 윤곽선을 이룬다.

한자가 입을 표시한다.

위 형상의 입을 표시하는 한자를 보자. 이것이 후대에 우연히 새겨진 것인지는 불확실하나 선인들에 의한 것이라면 물의 흐름을 정밀하게 고려하여야 이런 형상이 가능하지 않을까.

위 한자의 획이 코와 입을 표시한다.

조금 상류 쪽에 있는 암반에 나타난 형상.

위 형상 중 위쪽 부분이 특이한 인물상을 보여 준다.

두 개의 바위가 눈을 표시하는 형상들을 보자.

바위만으로 형성된 형상이 아니어서 불확실하지만, 살펴보기로 하자.

지형을 함부로 바꾸지 말며, 바위 하나도 허투루 옮기지 말라는 말이 뿌리 깊게 이어지며 전해져 내려오는 데에는 분명한 이유가 있었다. 수승대가 명승지로 알려지지 않았다면 큰 변형을 피할 수 없지 않았을까.

전국 대부분의 강과 하천이 본래의 모습을 잃고 바위와 아름다운 강돌이 사라져 옛 모습과 정취 또한 사라져 간다. 강돌이 있었던 곳에 큰 키의 풀들이 뒤덮어 사람이 접근하기 어렵다. 우리나라에는 우리나라에 맞는 자연을 대하는 사상이 전해져 왔는데 최근 들어 이것이 약화된 결과일 것이다.

큰 물고기가 입을 크게 벌리고 있는 모습의 형상이다. 아래에 끼워져 있는 바위가 눈으로, 모자를 쓴 인물상으로 보인다.

앞쪽의 암반이 입을 표시한다. 위의 인물상과 반대쪽을 바라보는 인물상.

암반에 물길이 나 있다.

물길 아래쪽 부분이 막혀 조그맣게 열렸다.

물길이 거의 막혀 있는데 아래쪽에 이렇게 깊고 큰 웅덩이가 형성될 수 있을까?

위의 웅덩이 아래쪽 부분은 거의 패이지 않았다. 웅덩이가 물에 의하여 자연적으로 형성된 것이 아님을 알 수 있다. 위와 아래쪽이 거의 패이지 않았는데 가운데 부분만 깊게 패일 수는 없을 것이기 때문이다.

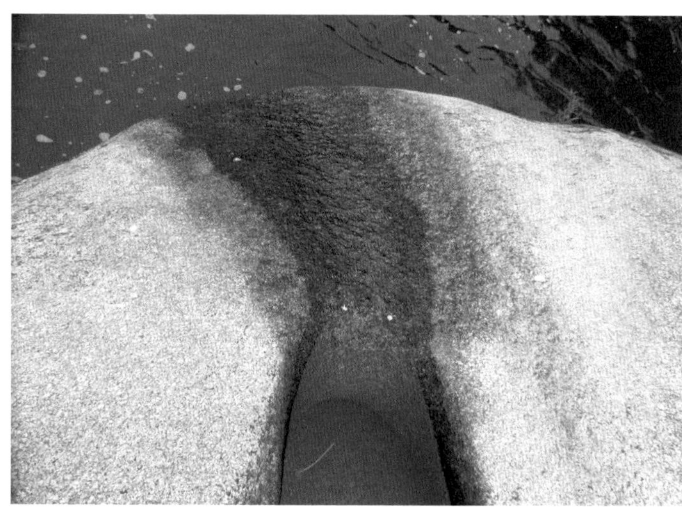

암반이 전체적으로 큰 인물상을 이룬다. 위의 큰 물구덩이가 눈의 역할을 한다.

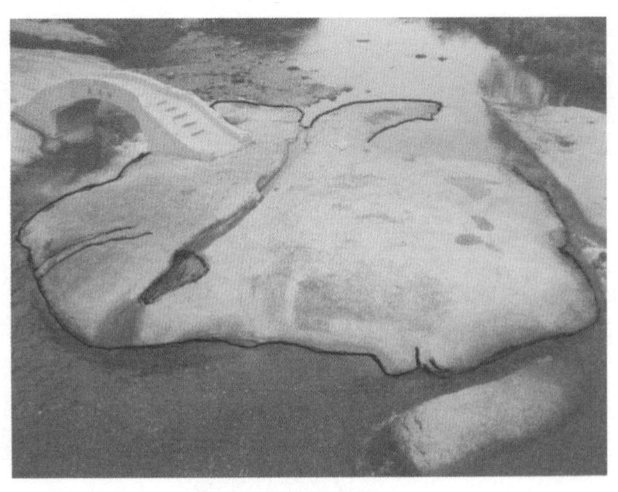

3. 영월 요선암

하얀색의 바위가 복잡한 형태를 띠고 있다. 물의 작용으로 형성된 자연적인 지형이 아니라면 생명형상이 새겨져 있을 것이다.

고인 물이 눈을 이루는 형상들을 보자.

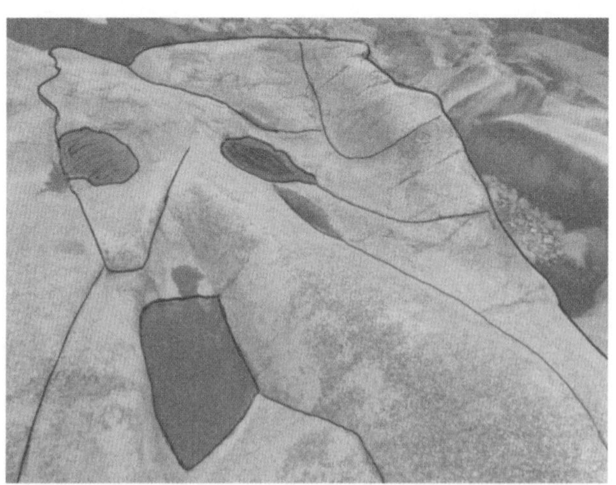

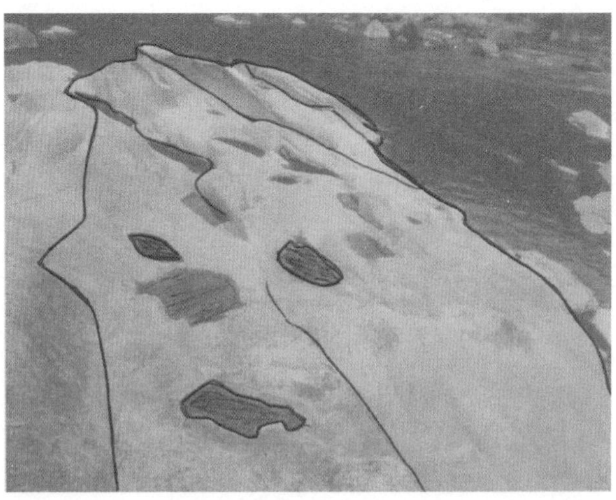

다양한 형상.

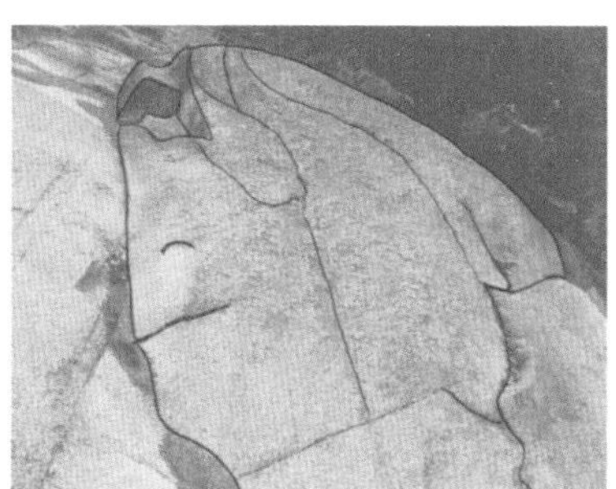

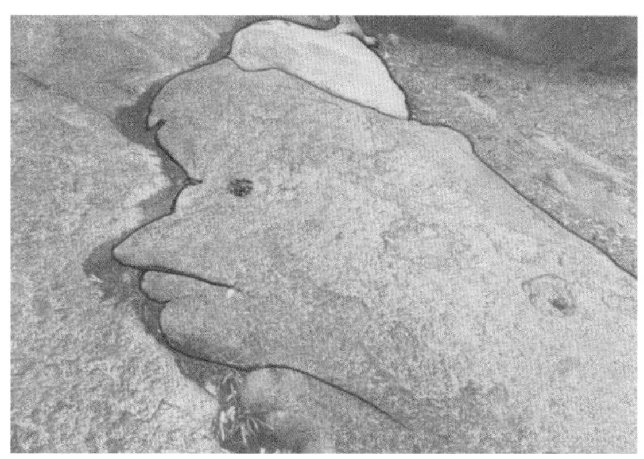

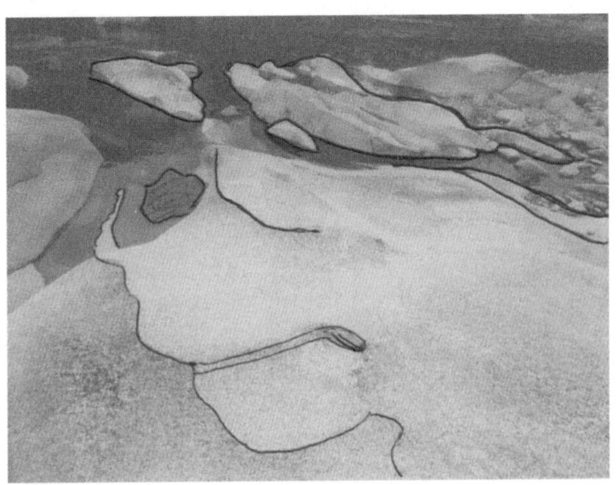

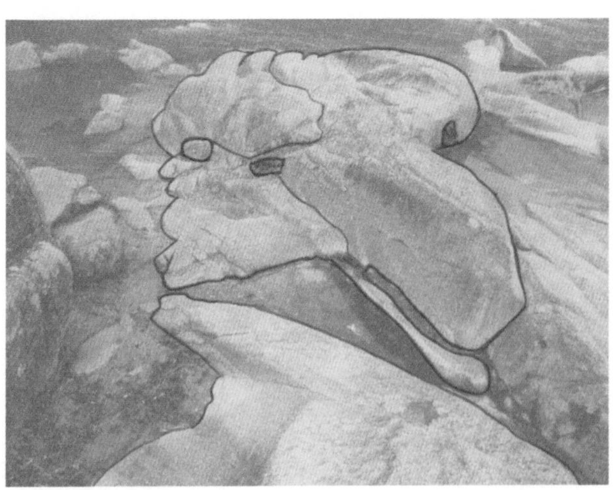

줄을 그어 형상을 표현하였다.

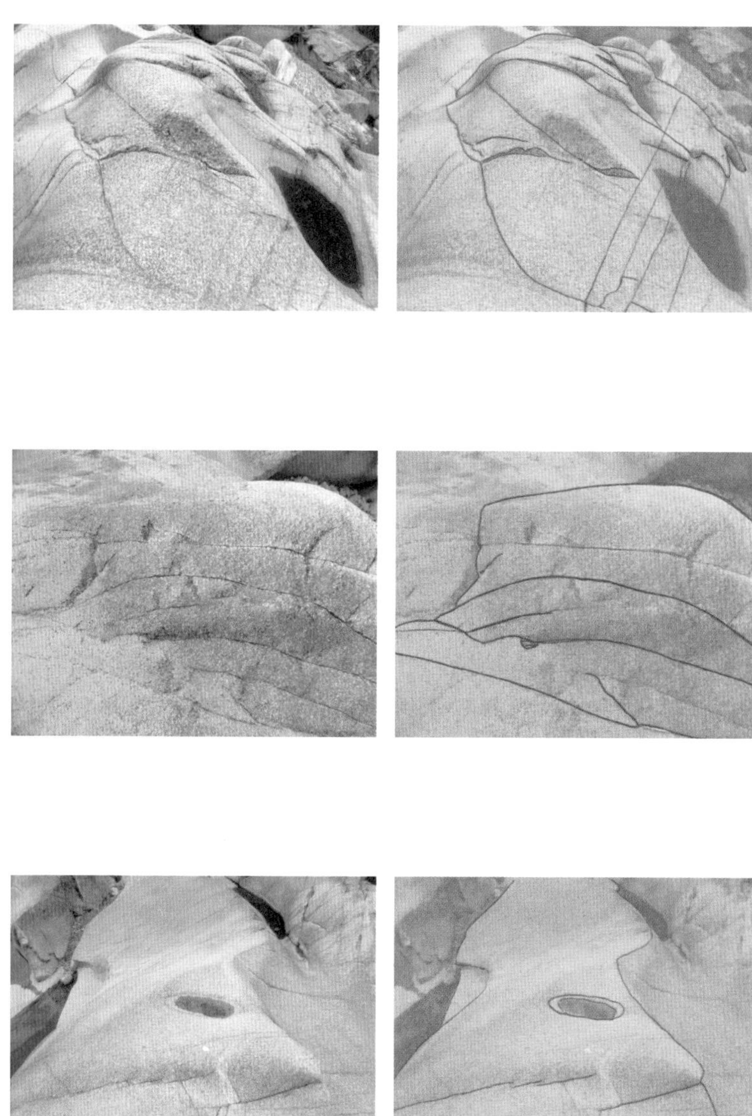

바위 면에 얕게 형상이 새겨져 있다.

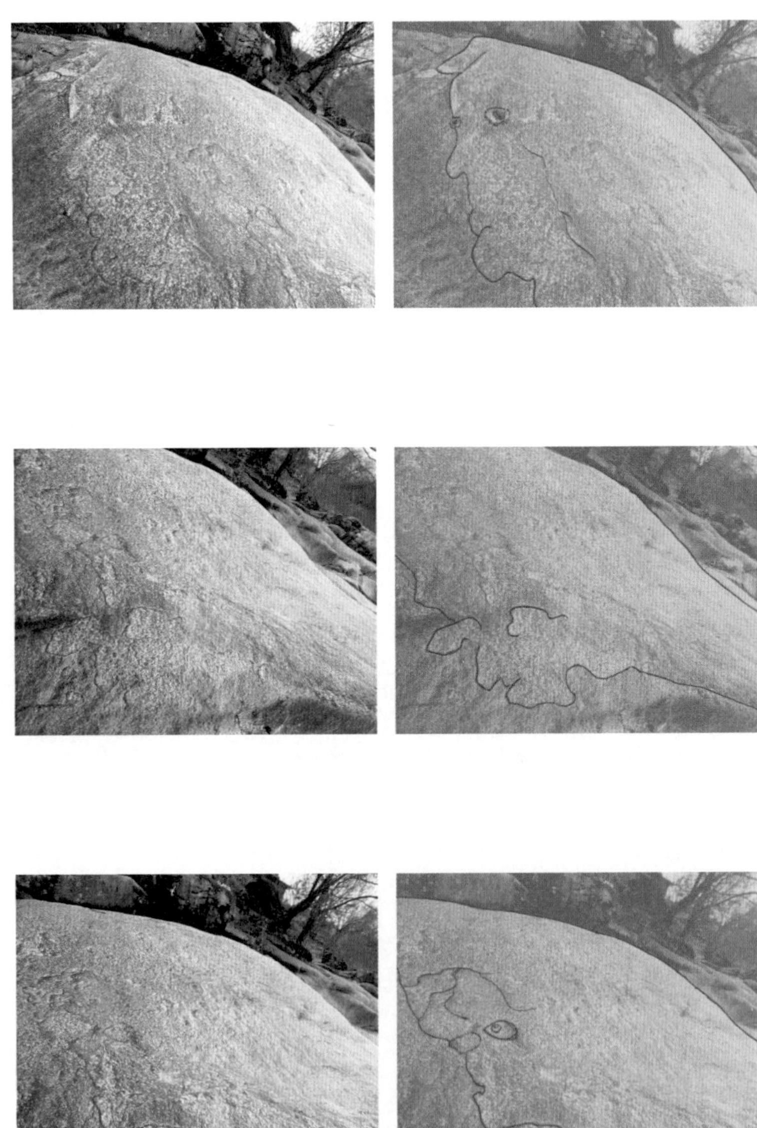

바위가 얼굴의 윤곽선을, 안에 고인 물이 인물상을 이루었다. 바위 안쪽 테두리 선이 붉은빛을 띠고 있다.

비가 내려 수면이 높아졌으며 많은 바위가 물에 잠기자 앞에서 살펴본 것과는 다른 형상들이 나타난다. 수량의 변화에 따라 다른 형상이 나타나도록 바위를 다듬은 것으로 보인다.

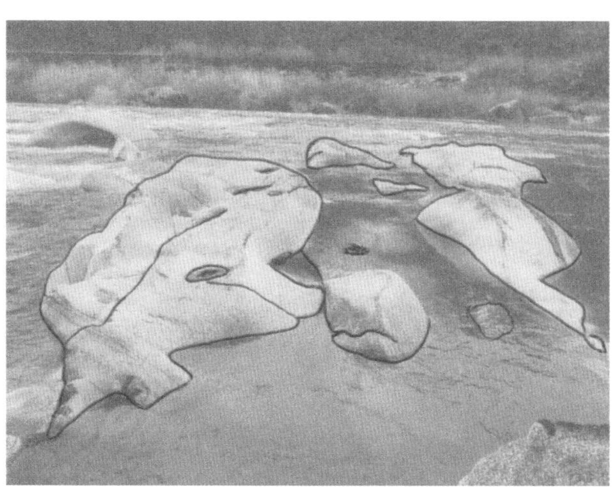

곧 증발하여 사라지겠지만, 살짝 고인 물이 눈을 이룬다.

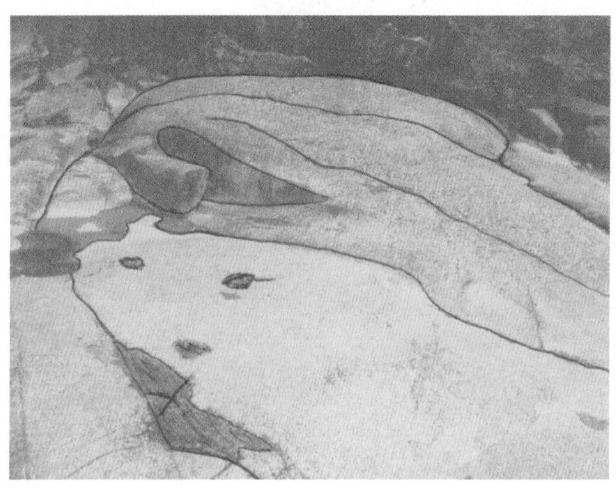

바위를 다듬어 물이 얼굴의 윤곽선을 이루었다.

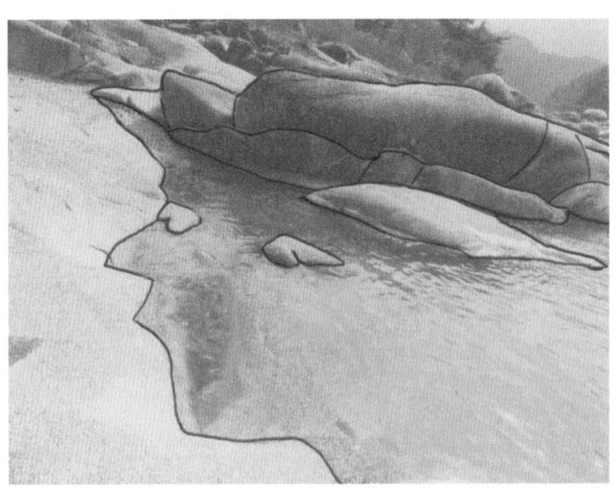

요선암의 형성에 대한 안내판의 설명.

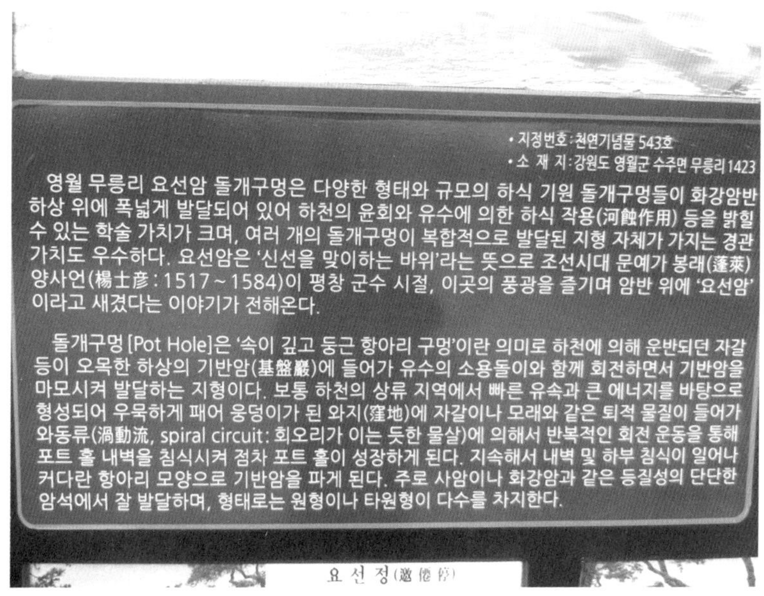

위의 설명에 따르면 돌개구멍은 우묵하게 패어 웅덩이가 된 와지에 생기는 것이나 요선암의 경우 바위의 윗면에도 많이 있다. 위의 설명이 맞지 않은 것을 알 수 있다. 생명형상과 함께 여기에서 보이는 쐐기홈들은 이곳이 선인들에 의해 다듬어졌다는 증거가 될 것이다.

형상의 코 부위에 두 줄로 작은 쐐기홈이 새겨져 있다.

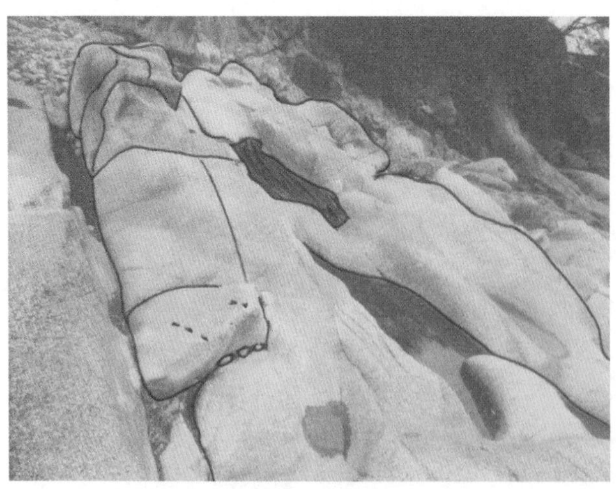

약간 상류 쪽의 산에 바위가 다듬어져 형상이 나타난다.

근처 산에 둥근 바위가 눈을 나타내는 듯하다.

4. 순천 송광사 계곡

순천 고인돌공원을 가는 중 송광사 1㎞라는 안내판이 보인다. 이전 방문 시 송광사에서 바라본 조계산은 육산으로, 암벽이 보이지 않았기 때문에 이번에 답사할 예정은 없었는데, 그래도 잠시 들러 보기로 하였다.

그동안의 답사를 통해 숲에 덮여 밖에서 보면 전혀 바위가 보이지 않는 산에도 수많은 바위가 쌓여 있고 여기에 생명형상이 새겨져 있다는 걸 알 수 있었다. 조계산도 그럴 것이나 시간상 답사는 어렵고 송광사만 둘러보려 한 것인데 어떤 계기로 계곡을 답사하게 되었고 여기에서 많은 생명형상을 발견하였다.

순천 고인돌공원의 고인돌에 뚜렷한 인물상들이 많이 새겨져 있듯이, 송광사 계곡에도 뚜렷한 형상들이 많아 선인들이 계곡을 다듬고 바위들을 배치하였다는 것을 잘 보여 주고 있다.

먼저 이곳에 남은 선인들의 흔적을 찾아보자.

쐐기홈이 형상을 표현하고 있다.

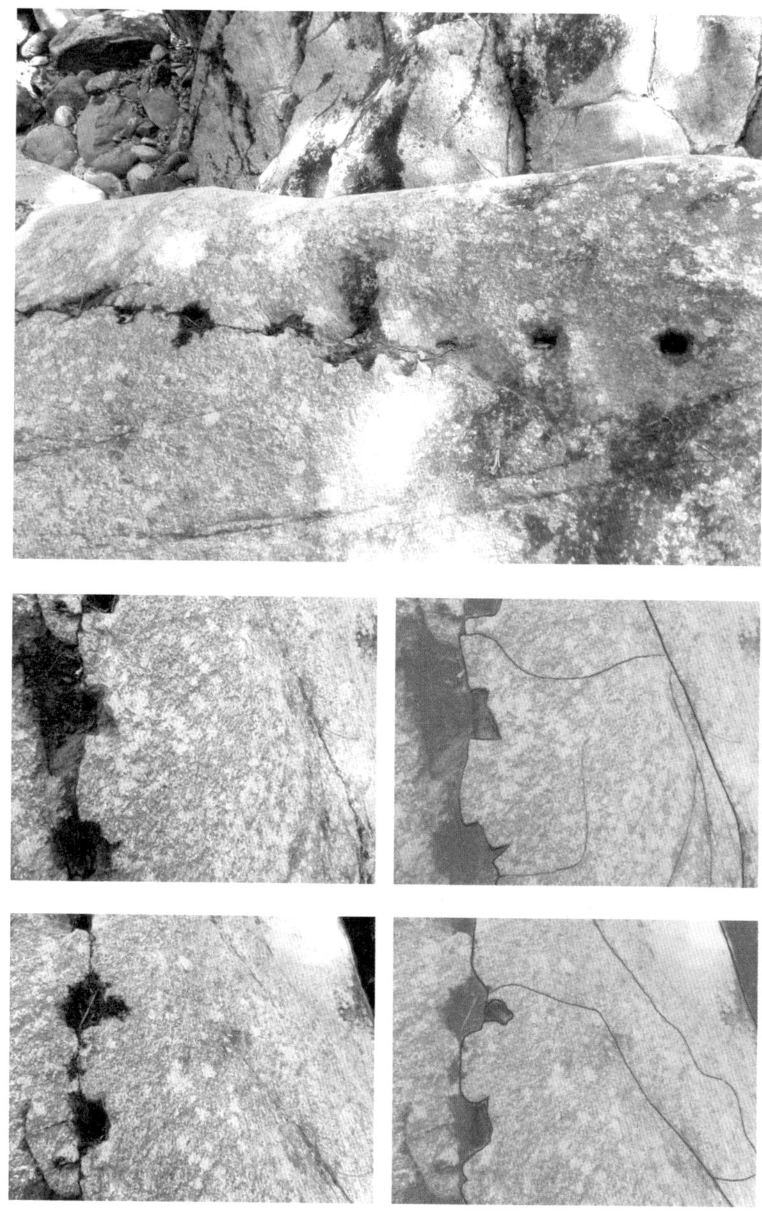

기계칼로 자른 흔적이 남아 있다.

위의 쐐기홈 바로 옆에 고인돌에서 보던 바위구멍이 있다.

바위구멍이 반원 모양이고 앞에 바위가 있어, 도구 등으로 회전하여 판 것이 아님을 알 수 있다.

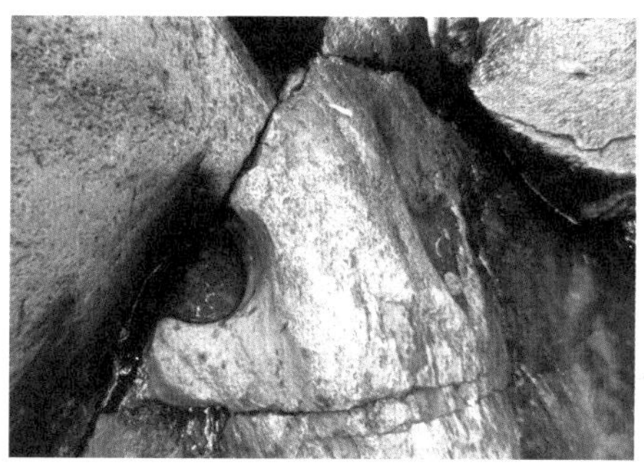

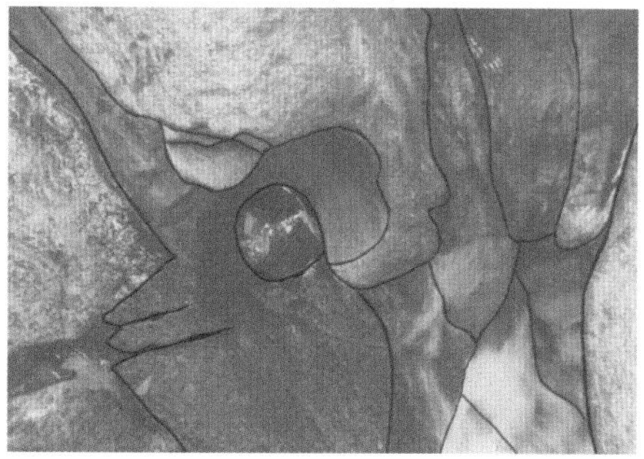

송광사 계곡에 보이는 쐐기홈과 기계칼로 자른 흔적, 반원의 바위구멍은 이곳에 선인들의 손길이 닿아 있음을 잘 보여 준다.

뚜렷한 인물상.

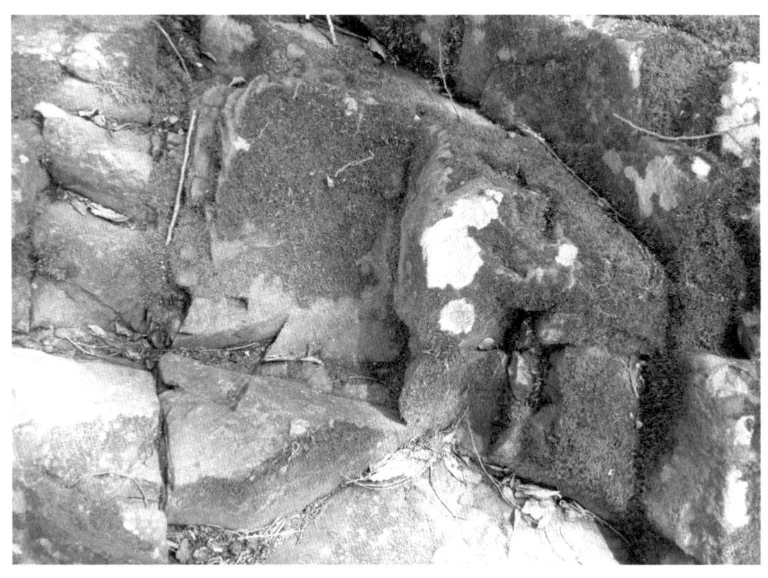

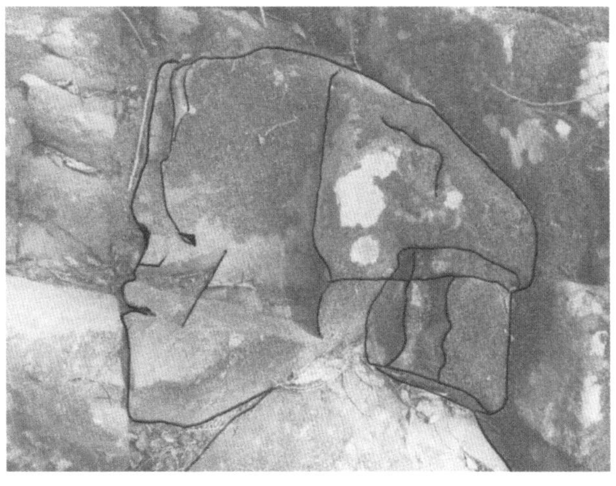

바위 면에 얕게 형상을 새겼다.

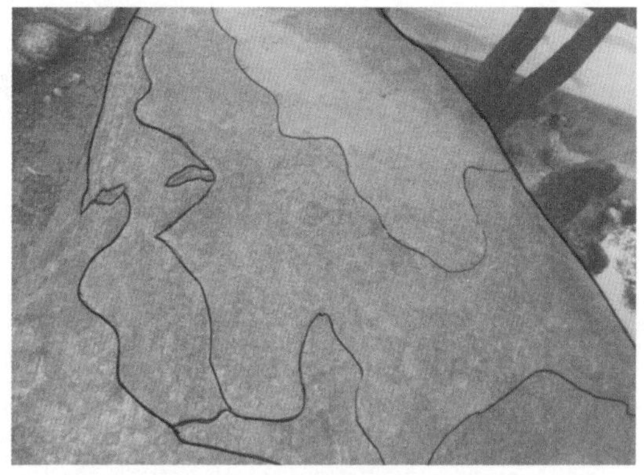

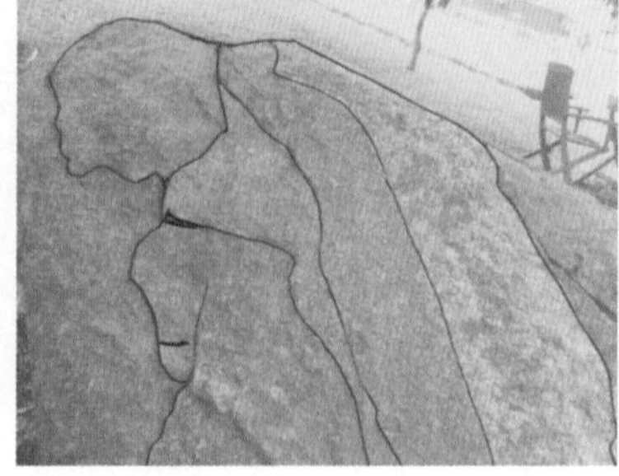

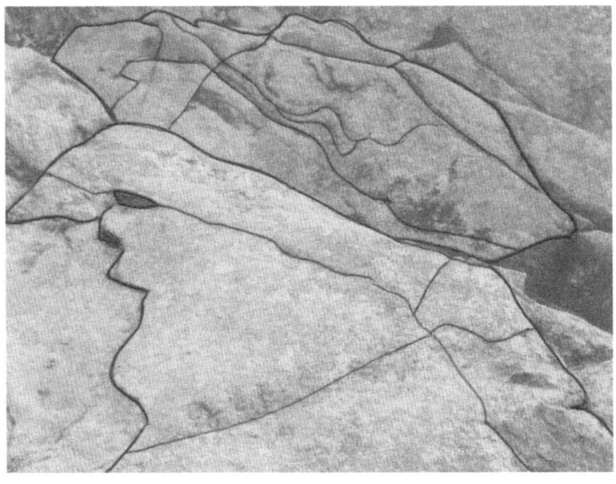

남녀 상이다.

다양한 형상.

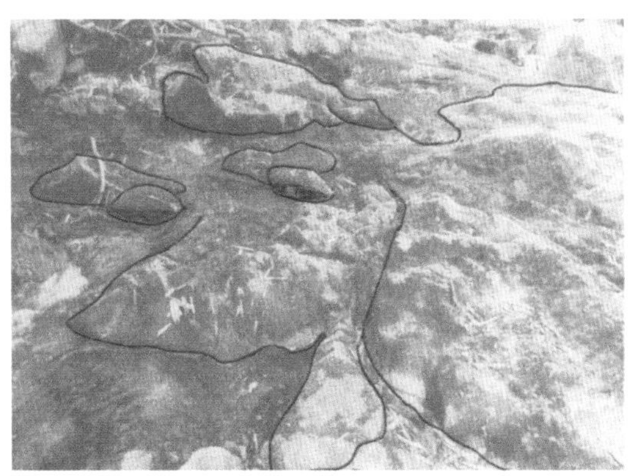

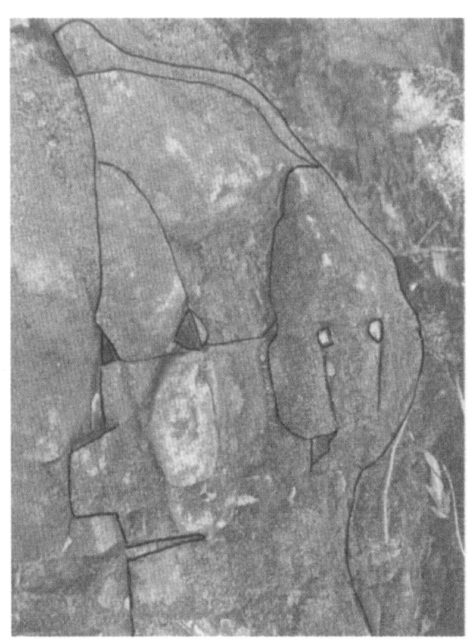

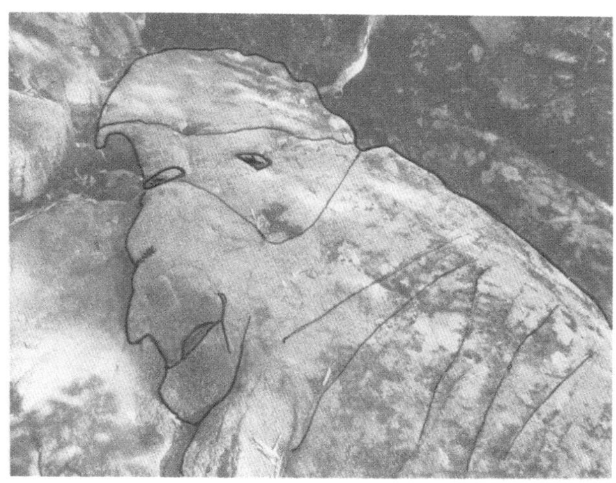

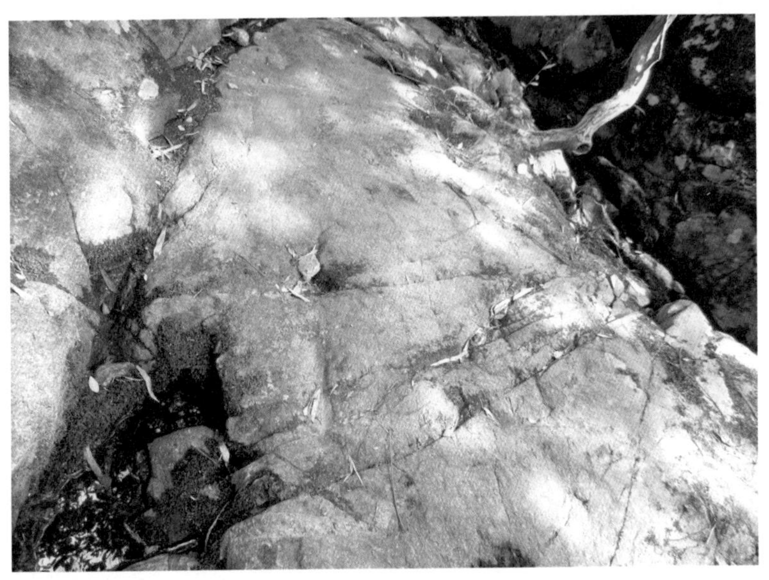

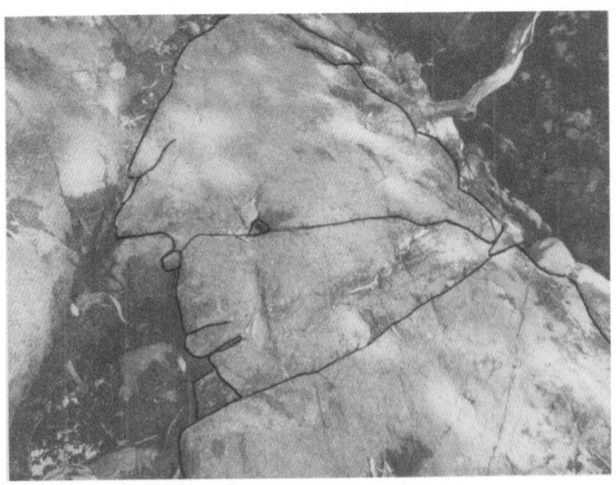

두 개의 바위로 눈을 표시하였다.

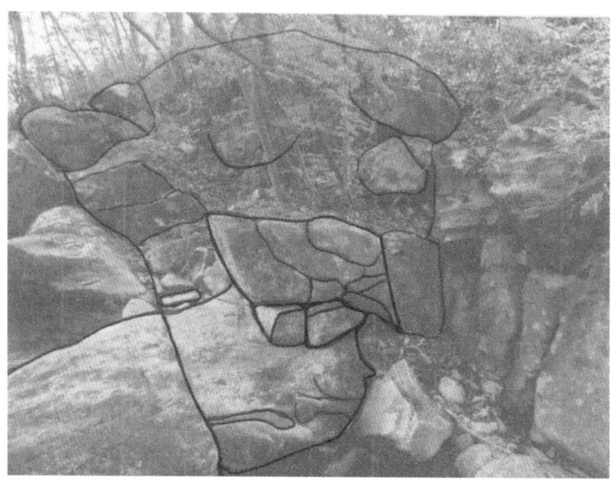

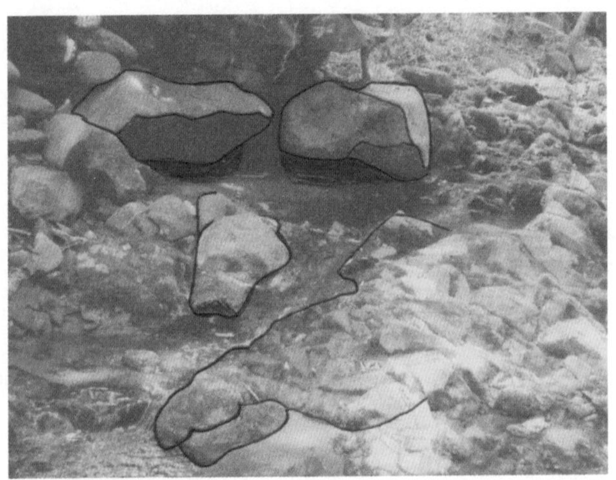

눈 부위에 물이 고여 있거나 흐르고 있다.

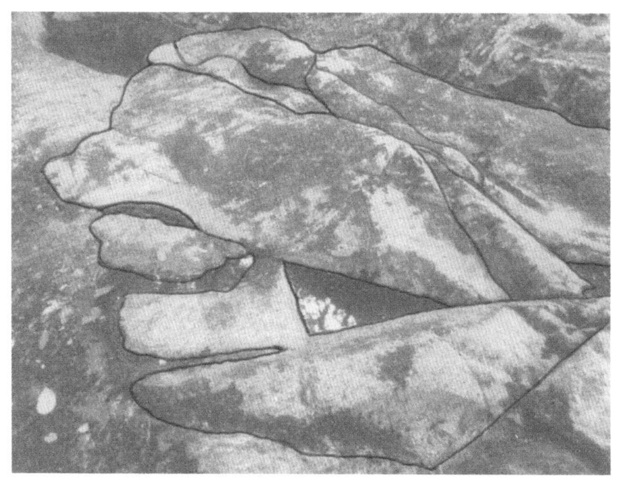

입 부위의 물이 흐르고 있다.

물이 얼굴 형상의 일부를 이룬다.

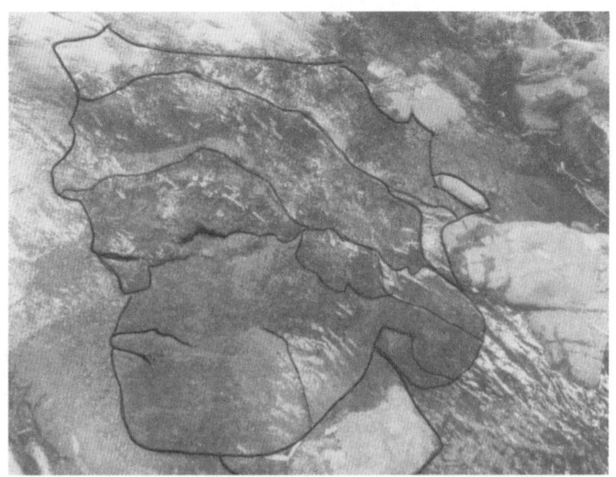

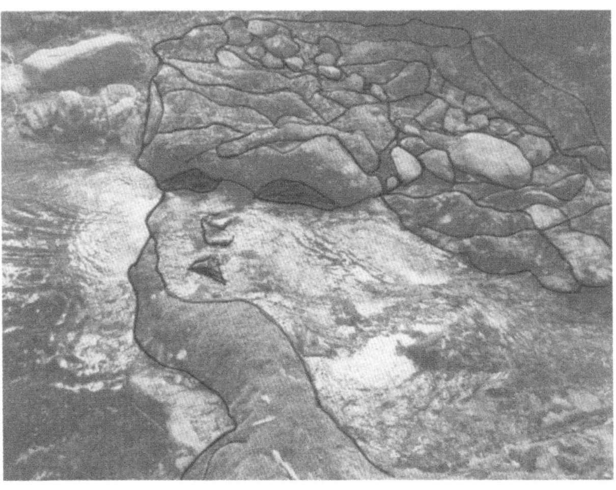

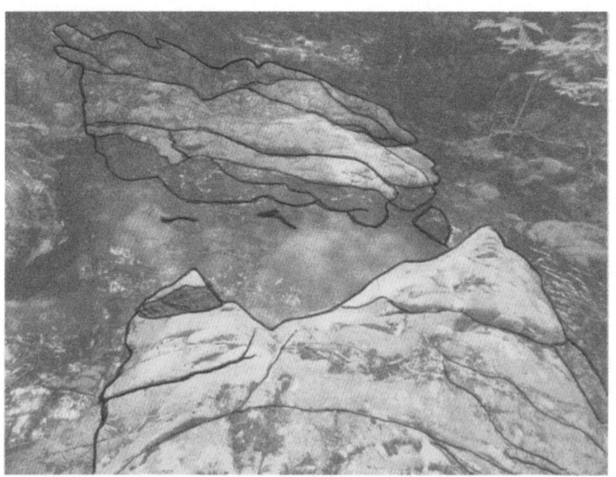

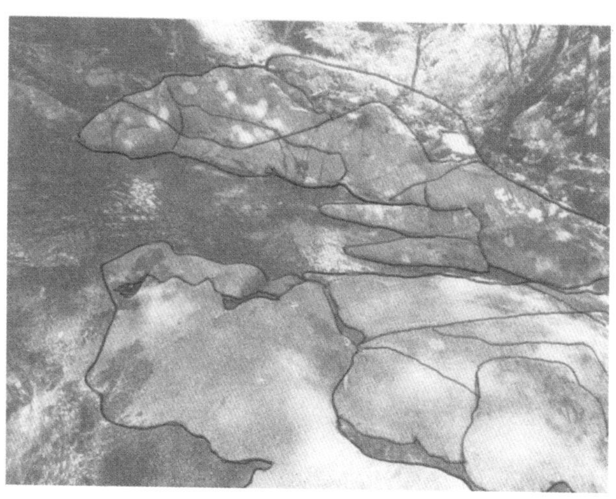

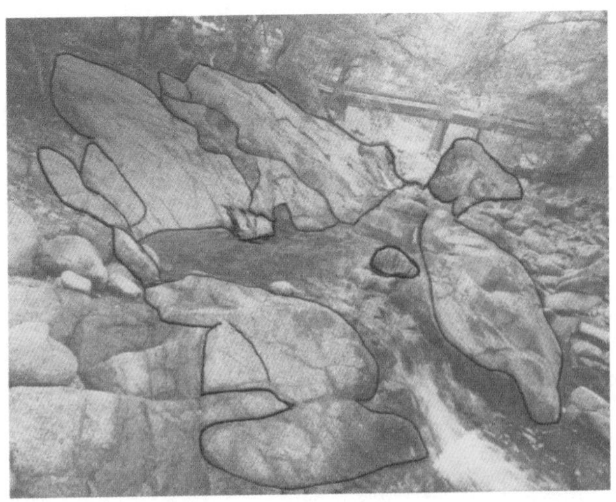

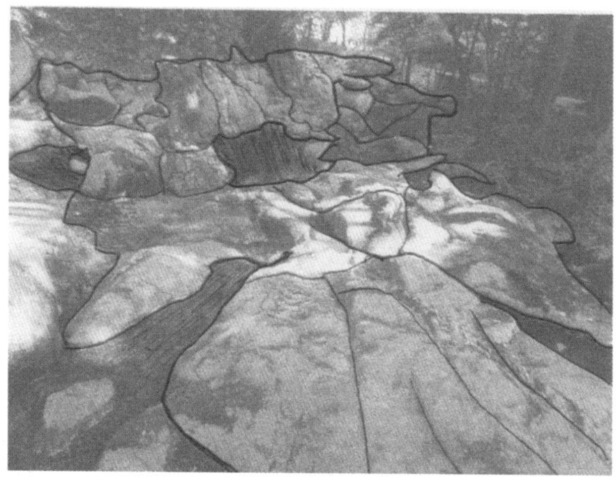

물속에 뚜렷한 인물상이 보인다.

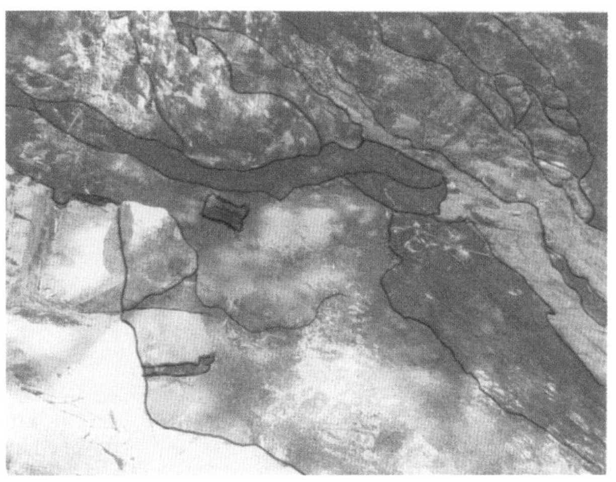

두 개의 작은 폭포가 눈을 이루고, 물이 흘러들어 입을 표시하였다.

고인 물이 인물상을 나타낸다.

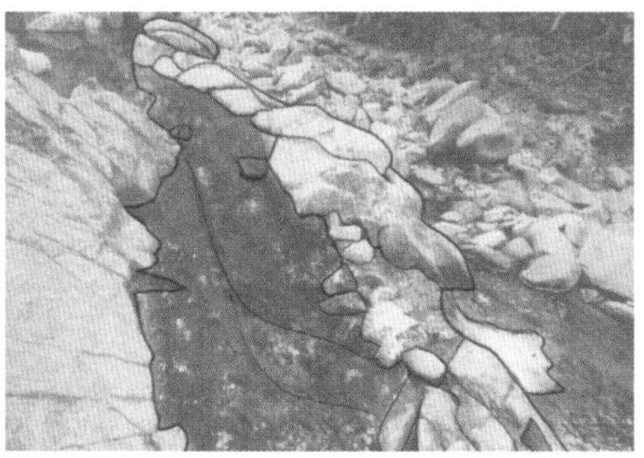

위 형상의 윗머리 쪽에 나타난 형상.

고인 물이 여성상을 이루고 좌측에 물을 고이게 하는 바위는 남성상을 나타낸다. 남녀가 서로를 생성케 하는 형국이다. 남녀는 음양을 의미하며, 음양이 어우러짐으로써 사람을 비롯한 생명체가 존재함을 나타내는 듯하다.

위 여성상의 뒷 머리카락을 이루는 바위.

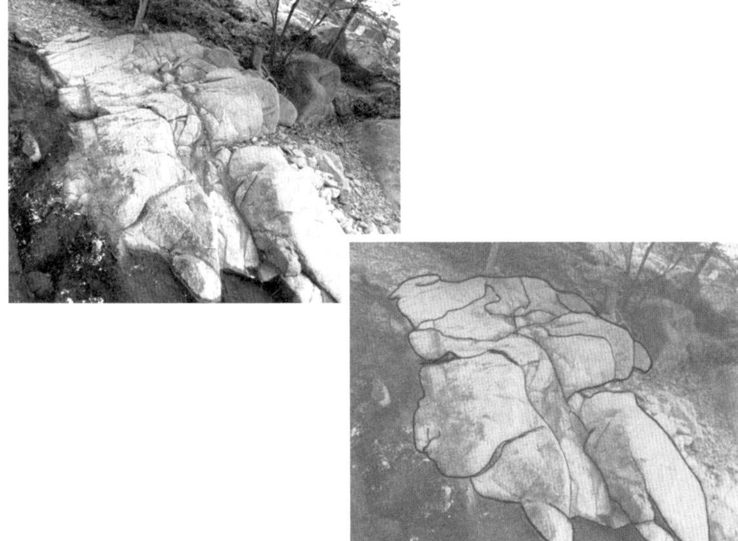

전체적으로 인물상을 이룬 다음의 암반에 많은 형상이 나타난다.

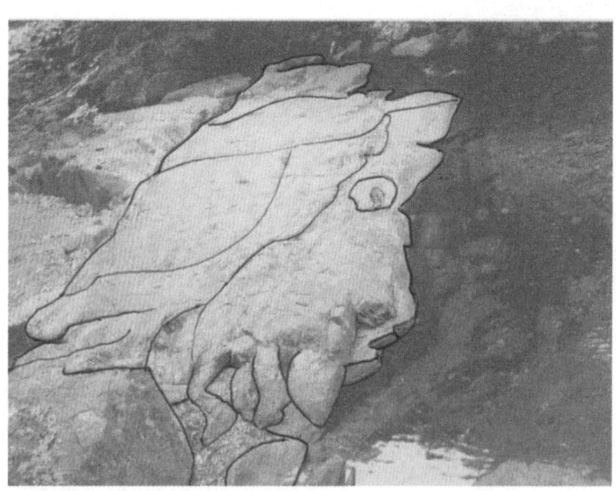

인물상의 윗부분에 또 다른 인물상이 보인다.

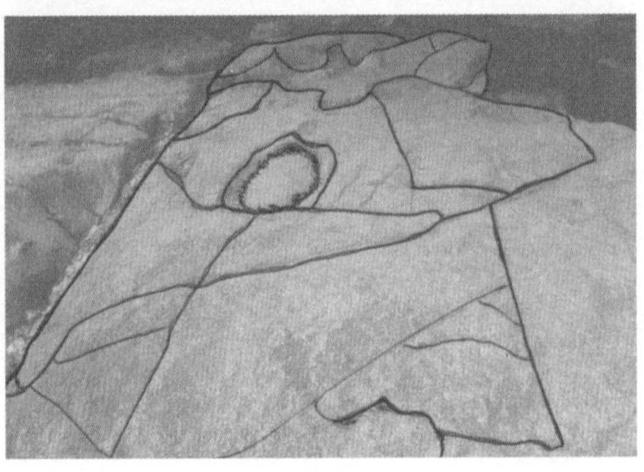

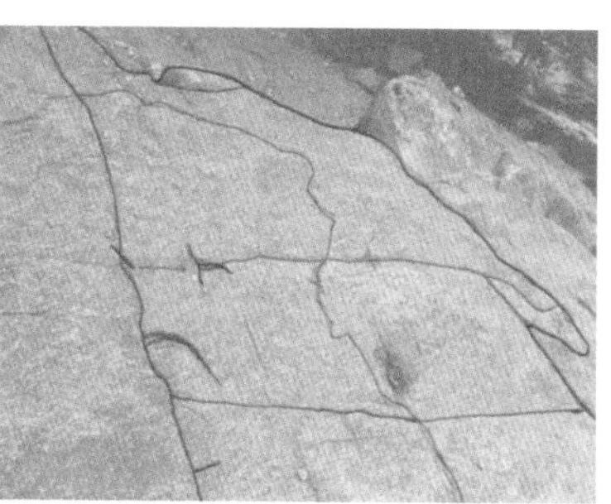

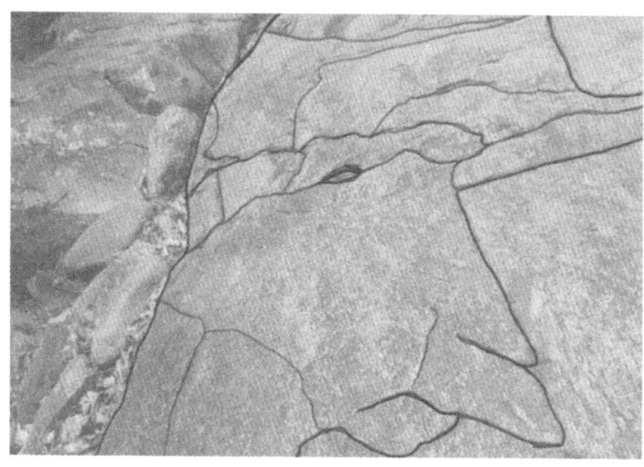

고인 물이 여성상을 이룬다.

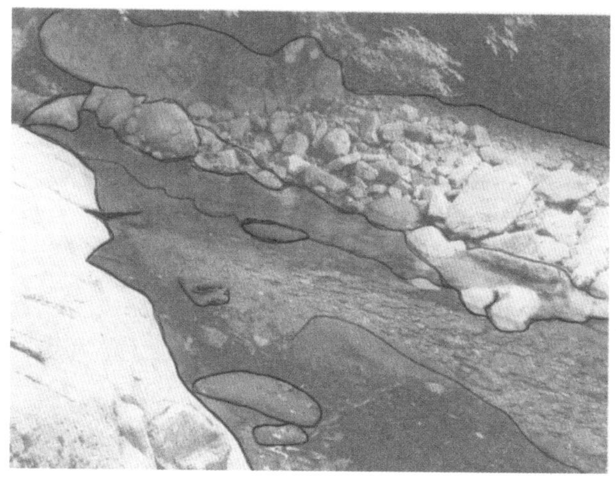

뚜렷한 인물상.

5. 문경 봉암사 계곡

앞에서 살펴본 송광사 계곡은 섬세하게 다듬어진 뚜렷한 형상들이 많았다. 봉암사 계곡에는 큰 바위들이 많은데, 이런 바위들에는 형상이 세밀하게 새겨져 있지 않아 사진상으로 잘 드러나지 않는다.

눈에 잘 띄는 곳에는 뚜렷한 형상들을 새겨 놓지 않고, 눈에 잘 띄지 않는 곳에 뚜렷한 형상들을 숨기듯 새겨 놓은 것이 아닌가 생각된다. 이는 이제껏 형상들이 드러나지 않은 중요한 요인일 것이다.

다양한 형상.

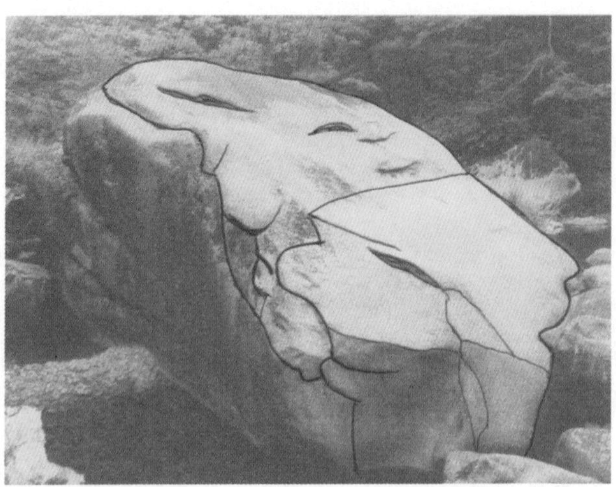

암반에 형상이 얕게 새겨져 있다.

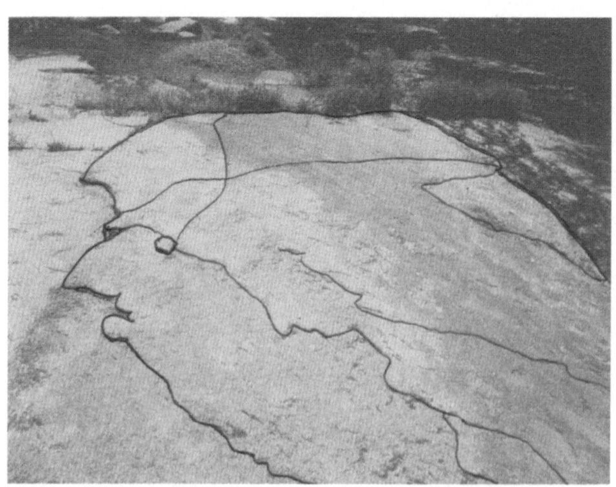

고인 물이 가늘게 흘러내리며 인물상의 머리 뒤쪽 윤곽선을 이룬다.

검은색이 형상을 조성하는 기능을 한다.

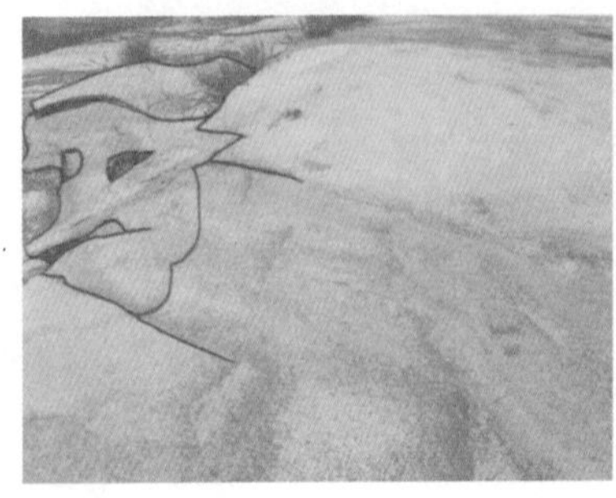

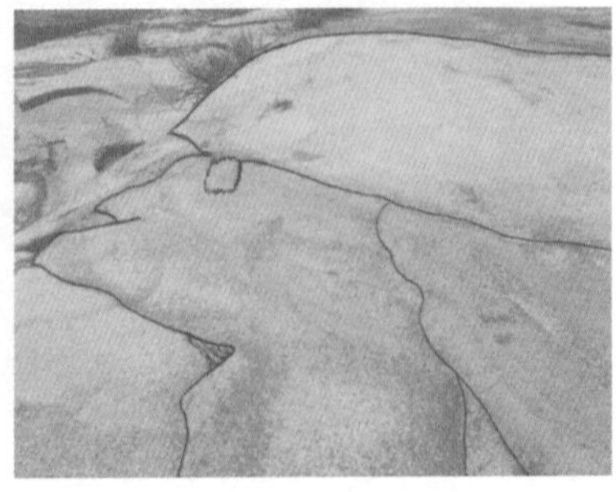

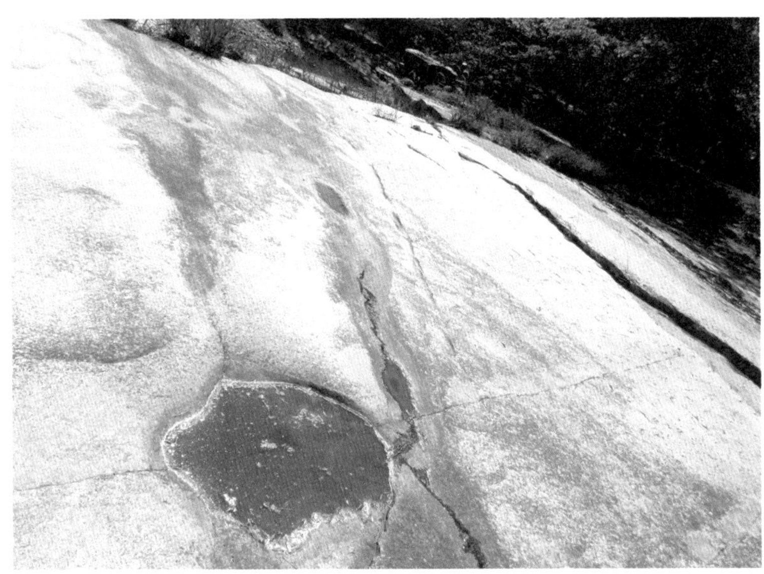

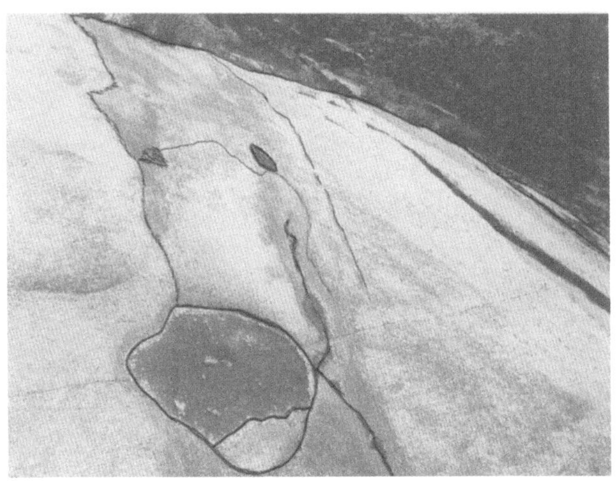

고인 물이 눈을 이루었다.

검은색 자국이 고인 물과 함께 형상을 이룬다.

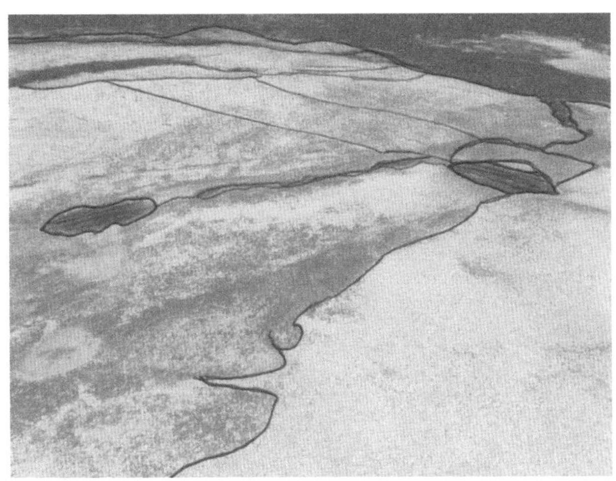

물이 흘러들어 눈을 이룬다.

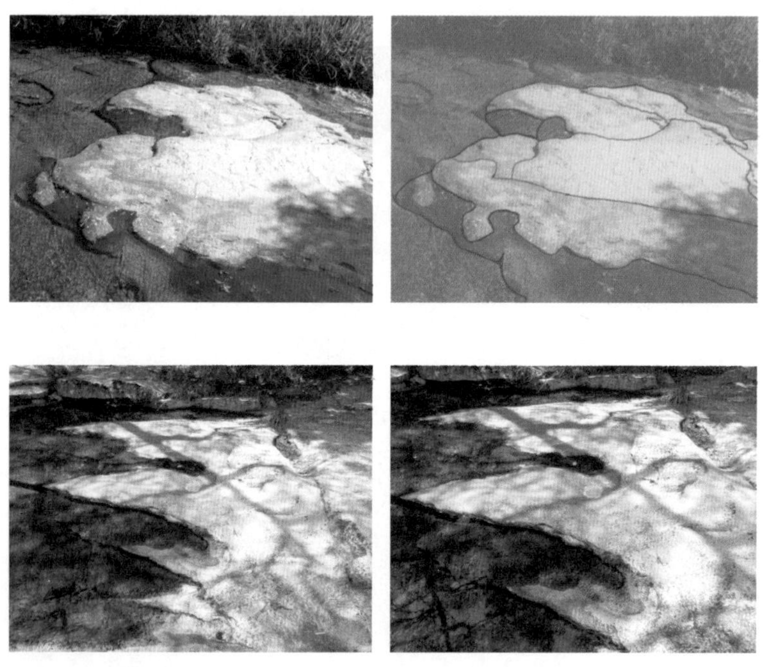

물이 윤곽선을 이루어 형상을 만든다.

물속과 물 밖의 바위가 어우러져 하나의 형상을 조성하였다.

암반의 파인 부분에 고인 물이 형상을 조성한다.

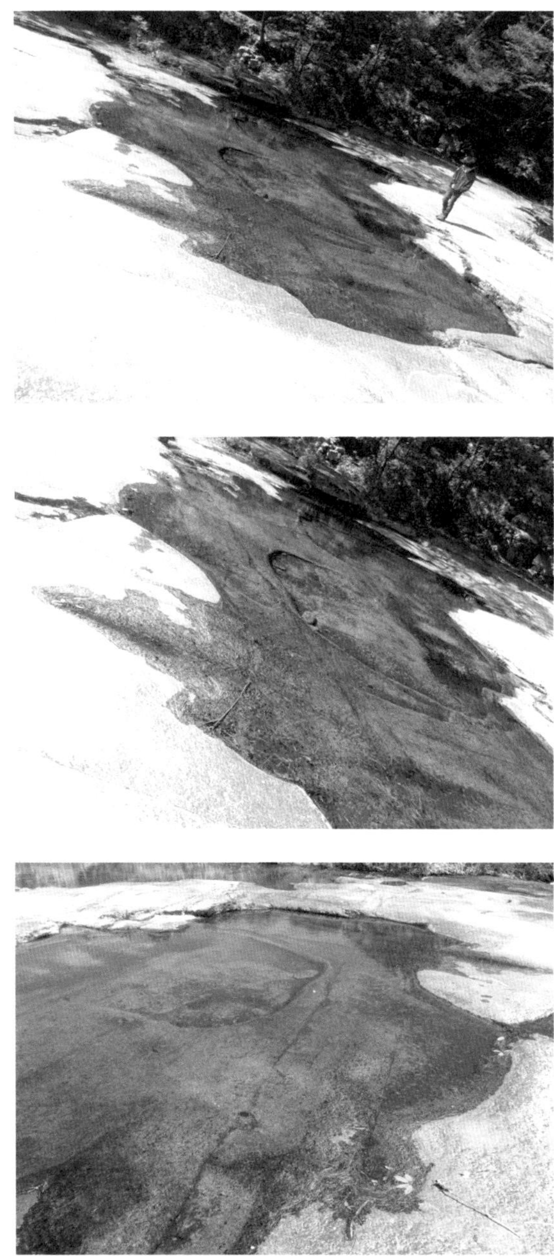

위의 형상 내부에 나타난 인물상.

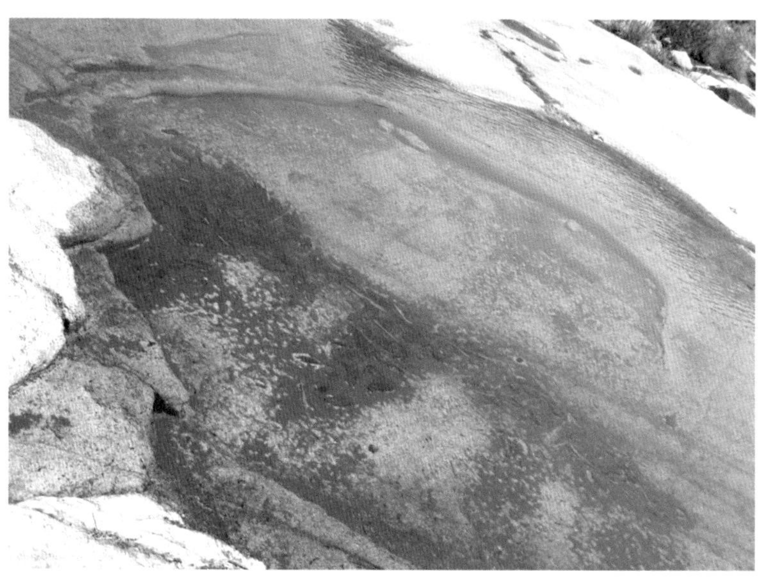

물속 바닥에 여러 줄이 그어져 있다.

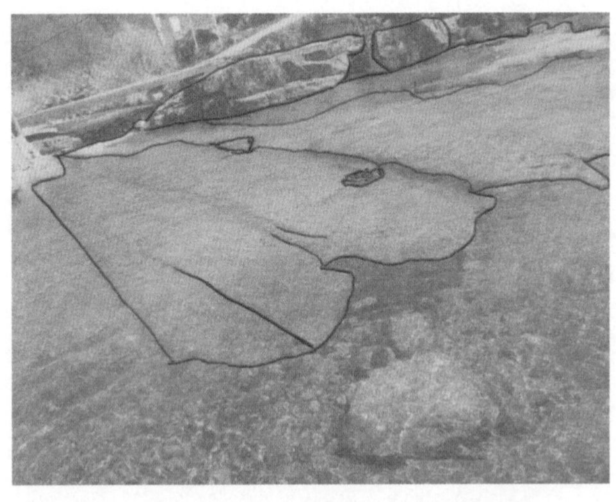

양쪽으로 인물상이 나타난다. 우측의 상은 위에서 흘러내린 물이 윤곽선을 이룬다.

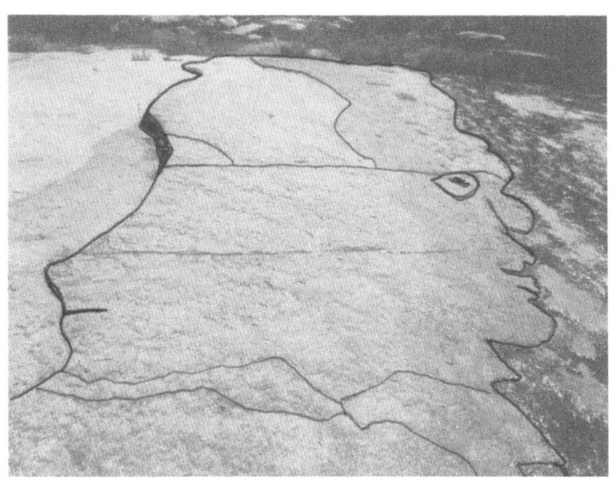

흘러내린 물이 가늘게 선을 이루며 형상을 조성한다. 큰 갈색 부분과 물이 흘러내려 고인 작은 부분이 각각 별도의 눈이 된다.

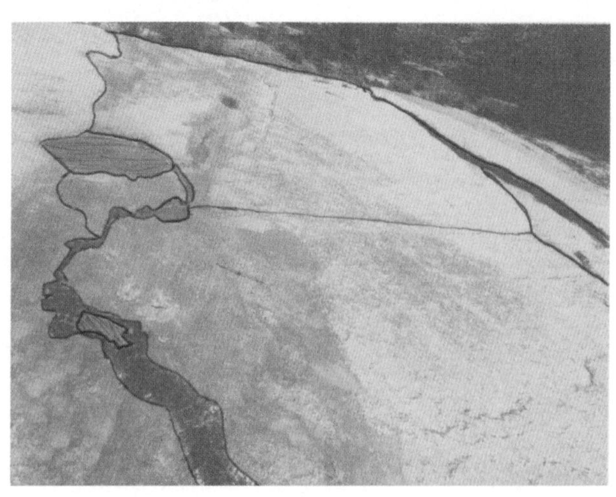

인물상의 아랫부분이 물에 잠겨 있다. 물에 잠기지 않은 윗부분에도 비슷한 인물상이 있다. 실로 절묘한 형상이 아닐 수 없다.

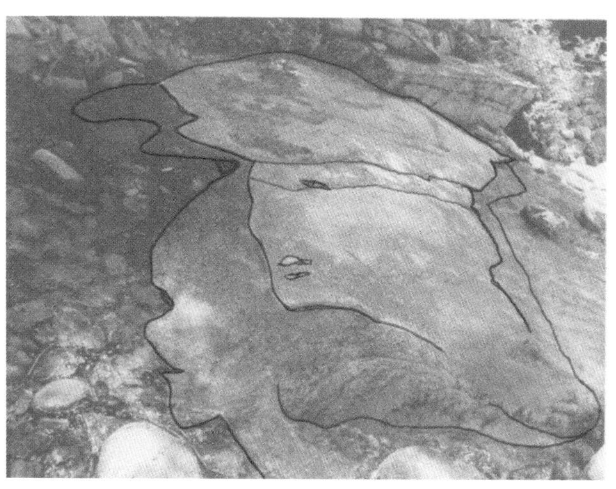

물이 흐르는 바닥면이 굴곡지며 색깔과 함께 인물상을 이룬다. 머리 부분에도 인물상이 보이며, 아래쪽에도 수염이 입을 표시하는 형상이 있다.

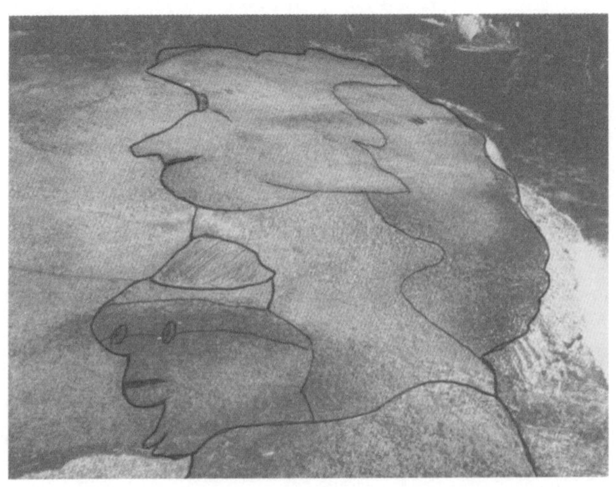

물이 흐르지 않는 일부분이 두 눈을 이루는 형상이다. 지금껏 보지 못한 독창적인 모습이다. 선인들의 표현법에는 한계가 없어 보인다.

봉암사 계곡 여러 곳에 쐐기홈 자국이 남아 있어 많은 형상이 선인들에 의한 것이며 봉암사 계곡 전체가 다듬어진 것을 알 수 있다. 봉암사 계곡에서 세 가지 유형의 쐐기홈 자국을 볼 수 있는데 하나는 앞에서 살펴보았던 것과 같은 유형이다.

다음은 둥근 형태를 띤다.

위의 쐐기홈 자국이 형상의 눈과 입을 이룬다.

다음 쐐기홈 자국은 앞에서 살펴보았던 장성 병풍산의 것과 같은 유형으로 아주 얕게 파였다. 위에서 살펴본 쐐기홈을 이용하여 잘라낸 것이 아님을 알 수 있다.

이러한 홈 자국은 바위를 자를 때 지금까지 많이 보았던 쐐기홈을 이용하지 않고 어떤 도구를 이용하였다는 것을 추정케 한다.

이런 유형의 쐐기홈 자국은 암반에도 남아 있다. 직각 형태의 여러 층은 물의 유연한 마모 작용으로 형성된 것이 아님을 알 수 있는데, 작은 직벽을 이루는 곳에 쐐기홈 자국이 나타난 것이다.

그동안 쐐기홈 자국을 규모가 큰 암벽이나 암반에서 찾으려 꾸준히 살펴보았다. 쐐기홈을 이용하여 바위를 잘라 냈다면 개별 바위뿐만 아니라 암벽이나 암반에도 자국이 남아 있어야 할 것이기 때문이다. 그러나 쐐기홈은 다수 볼 수 있어도 바위를 잘라 낸 흔적은 찾을 수 없었는데, 이곳 봉암사 계곡에서 발견하게 되었다.

봉암사 계곡 암반에서 발견한 이 홈 자국은 선인들이 이곳을 다듬었다는 것을 보여 주는 직접적인 증거가 될 것이며, 나아가 생명형상이 새겨진 다른 모든 곳이 선인들에 의하여 이루어진 것을 증명하고 있다 할 수 있다. 선인들이 이러한 의도로 쐐기홈을 새겼을 것이라 판단된다.

홈 자국이 남아 있는 이곳 암반은 전체가 생명형상을 표현하도록 다듬어졌다.

6. 부산 태종대 신선바위

태종대 신선바위와 조금 떨어진 곳에 암초처럼 떠 있는 바위가 보인다. 여러 방향으로 직선과 곡선이 많이 그어져 있는데 바위 자체의 결이 아닌 이상 파도에 의해서라면 선이 그어지기보다 지워져야 할 것이다. 수많은 형상이 중첩된 듯한데 뚜렷한 형상만을 보기로 하자.

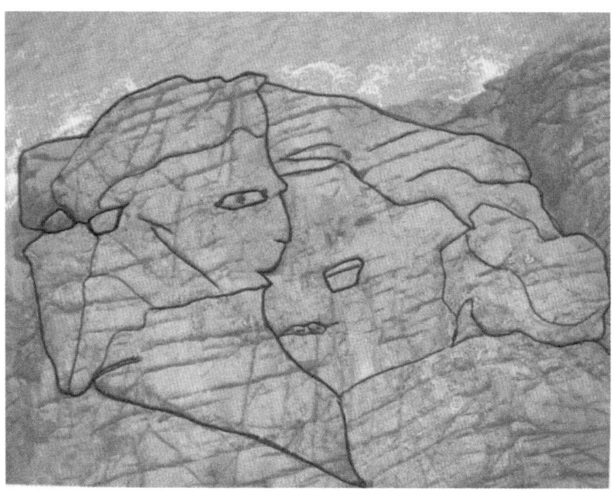

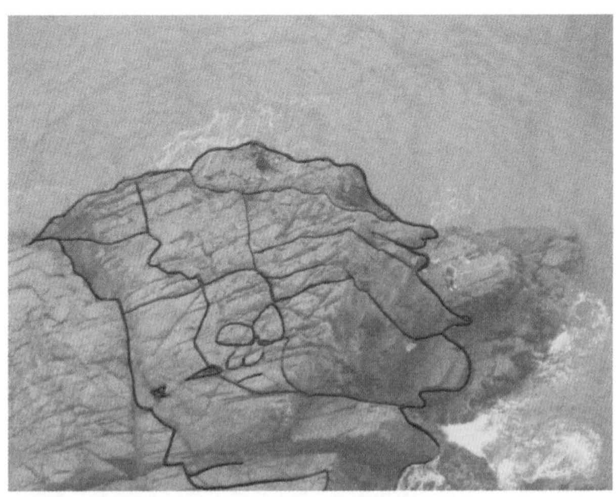

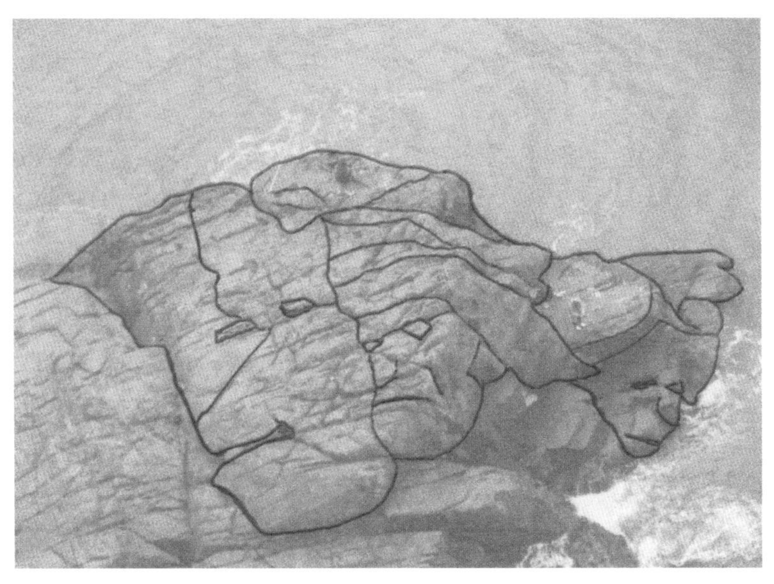

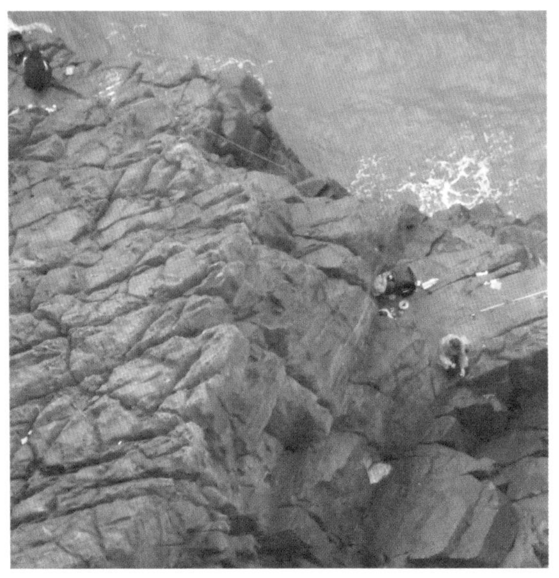

신선바위 아래쪽 바위.

위에서 내려다본 신선바위 윗면은 붉은색을 띠며 표면이 대단히 거칠고 복잡하게 되어 있다. 생명형상이 보이나 뚜렷하지가 않다. 이런 경우, 형상을 그려도 대부분 인정하지 않는다. 그러나 선인들이 바위를 다듬고 생명형상을 새길 때, 뚜렷함보다 자연스러움을 우선하였다는 점을 고려하여야 할 것이다.

어울리지 않게 윗면에 놓여 있는 두 바위는 눈을 표시하는 듯하다.

위에 놓인 바위들이 눈과 코, 입을 표시한다.

신선바위는 크게 두 부분으로 나뉜다. 암벽의 아랫부분은 검은빛을 띠는데 위 표면 부분만 붉은빛 등 현란한 색을 띠고 있다. 이것이 자연적인 현상일까?

우측 한반도 지형을 닮은 붉은빛의 표면 부분이 형상을 띤다.

왕방울 눈이 인상적인 형상들. 긴 머리를 휘날리고 있는 듯하다.

현란한 빛깔 속에 나타난 인물상.

암벽 아랫부분에 숨은 듯이 기댄 인물상.

윗면의 형상. 윗면의 무수한 선과 홈이 생명형상을 조성하고 있는 듯하나 형상이 뚜렷하지 않아 생략하기로 한다.

바위 면의 둥근 홈을 돌개구멍이라 하나 고인돌에 나타나 있는 바위구멍(성혈)과 비슷해 보인다. 이 바위구멍들은 눈을 나타내는 듯하다.

표면에 공룡발자국화석이 나타나 있다. 물이 고인 작은 홈들을 말하는 듯한데, 공룡발자국화석에 대해서는 뒤에서 살펴보기로 한다.

앞쪽에 나타난 형상.

신선바위 주변의 암반에는 다양한 성분의 바위와 다양한 형태의 색감과 무늬가 대규모로 나타나 형상을 표현하는데, 뚜렷하지가 않아 생략하기로 하고, 간단히만 살펴보자.

바위의 성분이 변하여 눈을 표시하였다.

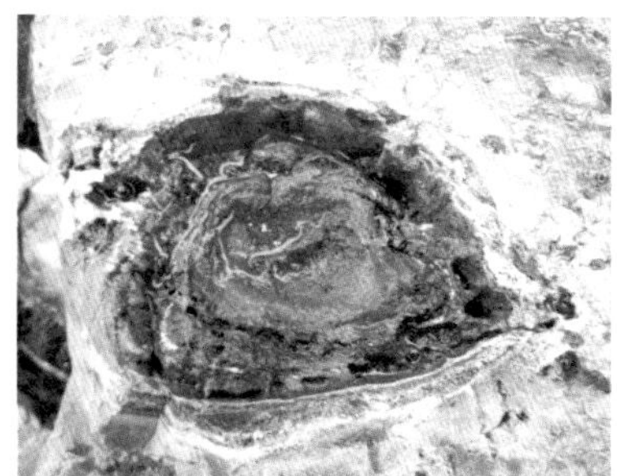

노란색의 눈이 인상적이다.

암벽에 천연 벽화가 그려져 있다고 한다.

벽화의 무늬가 형상을 이루었다.

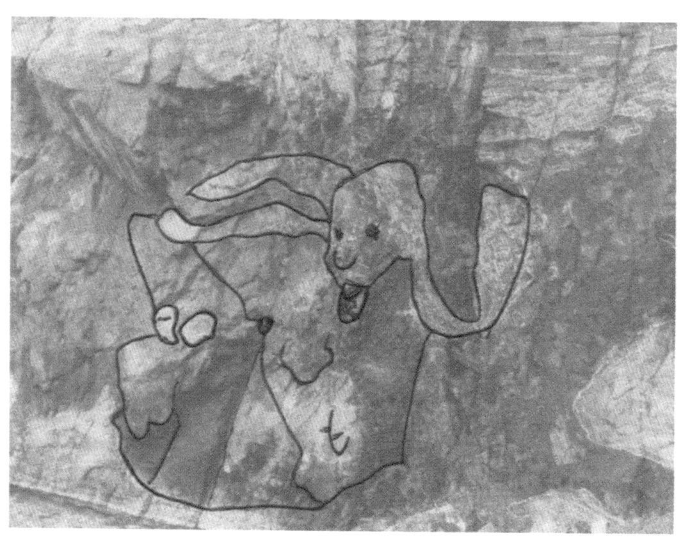

무늬가 입을 표시한다.

무늬가 입술을 이룬다.

길게 그어진 무늬가 입을 표시한다.

무늬가 형상들의 입을 표시한다.

검은색이 눈과 입을 이룬다.

아랫부분에 문양이 나타난다.

위 바위의 아랫부분으로, 검은 바위가 눈을 표시한다. 이들 검은 바위는 흙이 굳어 고정된 듯하다.

다음 바위에 나타난 시멘트로 보이는 물질이 형상을 표현하므로, 현대인에 의한 것이 아닌 선인들에 의한 것이라 볼 수 있을 것이다.

흙이 굳어 있는 곳에 알파벳이 쓰여 있다. 그런데 위쪽에도 작은 홈들이 패어 있어 알파벳을 적으면서 함께 새겼을 것으로 보인다.

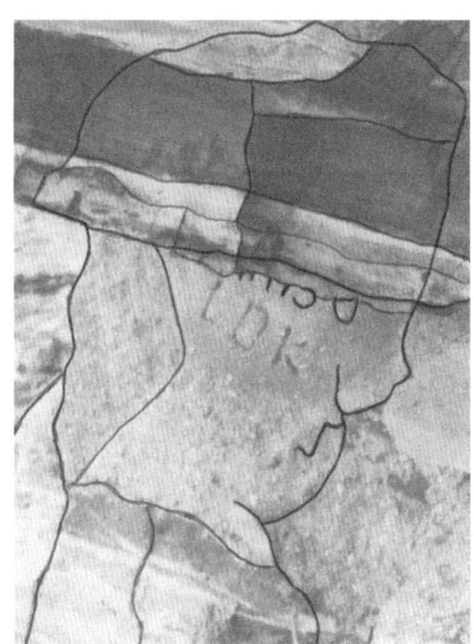

옆에서 바라보면 ㅇ자가 눈의 기능을 한다. 근래에 행한 것이 아니라면 선인들도 알파벳을 알고 있었다는 결론이 된다.

돌들이 콘크리트처럼 굳은 흙에 고정되어 있다. 그런데 비닐과 필름으로 보이는 것이 함께 고정되었다. 윗 부분이 막힌 바위 틈에 자연적으로 바위나 흙이 섞여 쌓일 수는 없었을 텐데 이것은 무엇을 의미하는 것일까?

옆 산의 암벽에 나타난 형상.

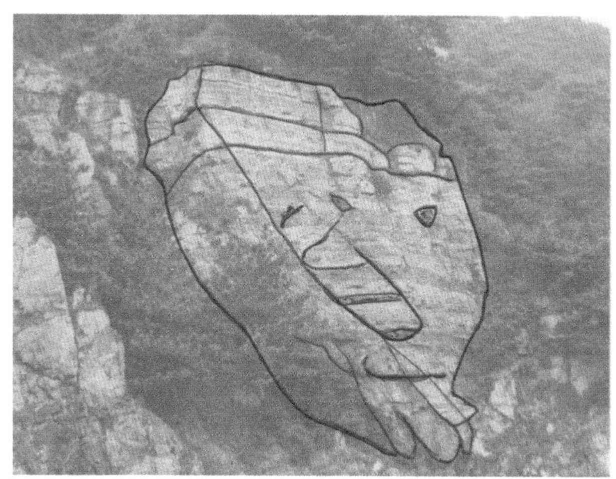

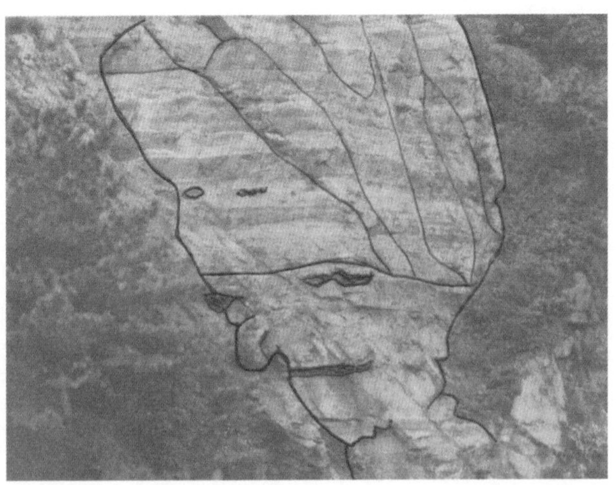

많은 색깔이 혼합되어 추상화처럼 보이고 여러 형상이 나타난다. 머리 위의 바위가 상투처럼 보인다.

상투바위에 이중으로 인물상이 나타난다. 바위를 옮겨 생명형상을 새겨 놓은 고인돌이라 할 수 있을 것이다. 기중기를 이용하는 것처럼 분리된 공간 너머로 바위를 옮길 수 있었다는 것을 알 수 있다.

7. 여수 금오산의 무늬

바위 겉에 여러 가지 형태의 무늬가 새겨져 있는데 나주 암각화의 고인돌 채석장과 고인돌에 나타난 것과 유사한 무늬도 있다. 금오산 바위 거의 모두에 무늬가 나타나니 굉장한 규모다. 생명형상이 무수히 나타나는데, 나주 암각화에서처럼 뚜렷하지는 않은 듯하다.

그런 의미에서 나주 암각화의 고인돌 채석장과 고인돌은 큰 의미가 있다고 할 수 있다. 자체의 분석만으로는 그 의미를 확정하기 어려운 여수 금오산의 무늬가 선인들에 의하여 형성되었으며 많은 생명형상을 표현하고 있다는 것을 알려 주기 때문이다.

특이한 무늬로 연구 대상이었을 것이나 알 수 없었을 금오산 무늬의 의미를 알 수 있도록 나주 암각화를 조성한 것은 아닐까 한다.

금오산에 나타난 무늬.

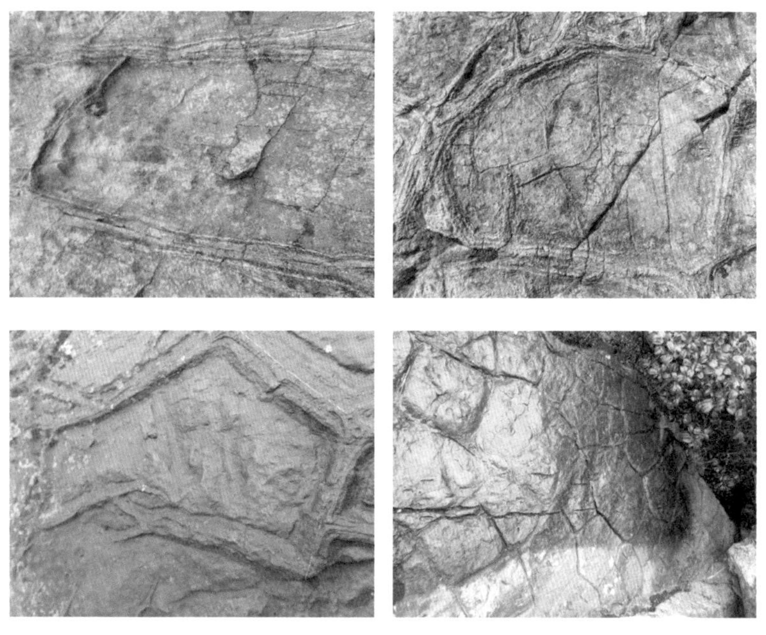

바위 표면이 무늬로 뒤덮여 있다. 이 무늬들이 생명상을 표현한다.

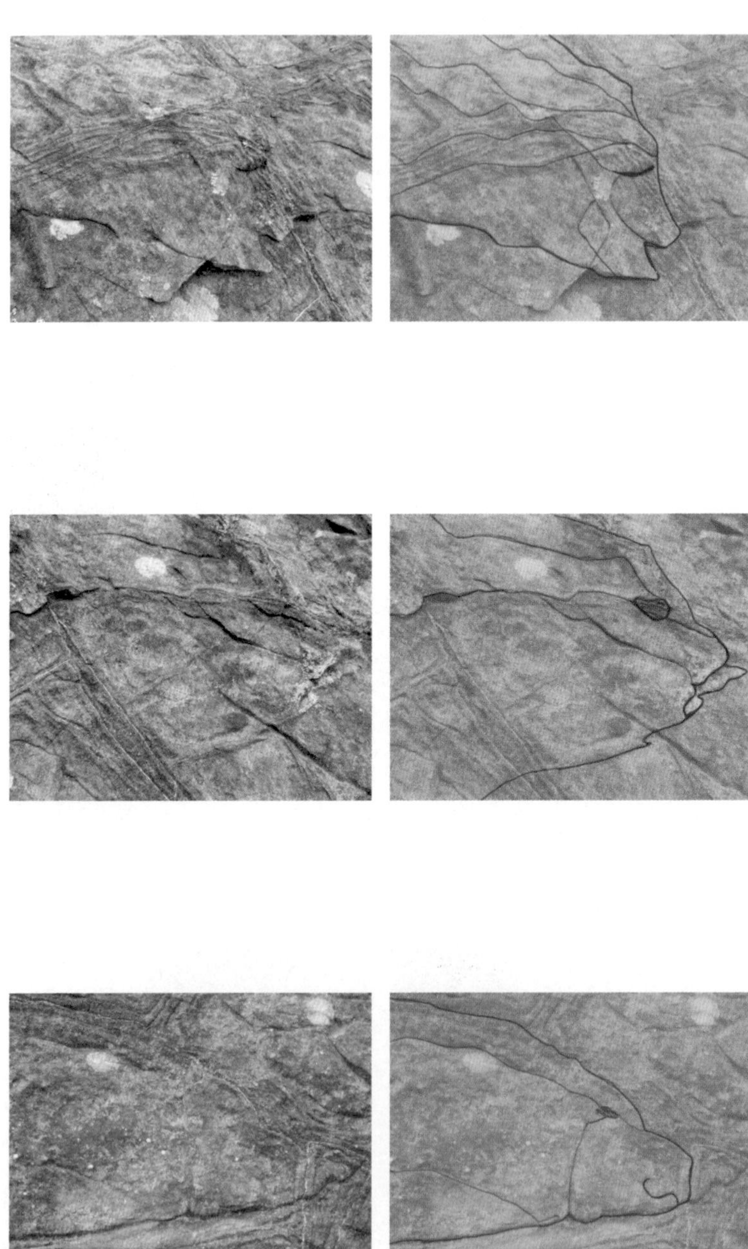

다양한 형태의 무늬에 나타난 생명상.

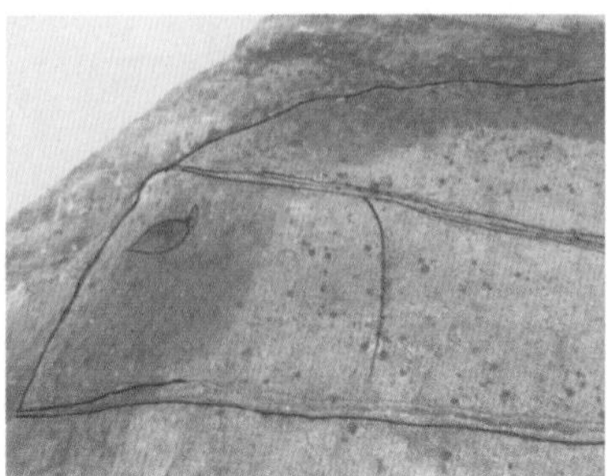

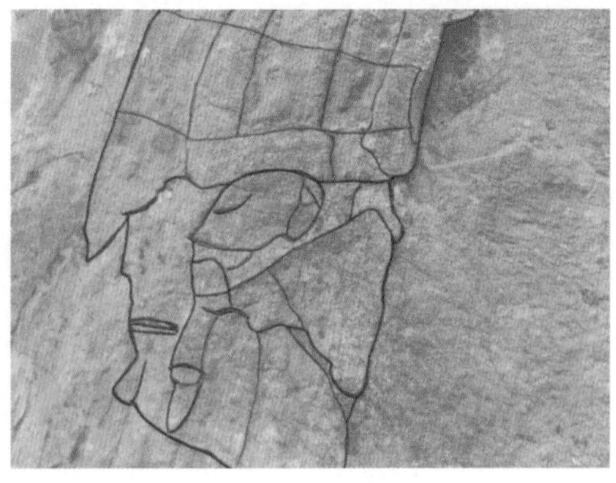

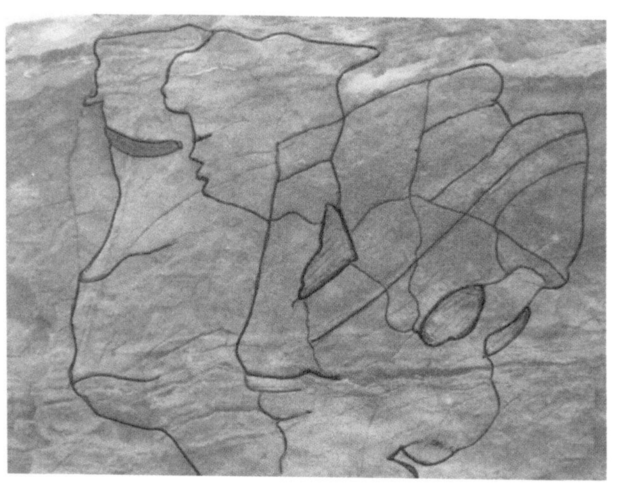

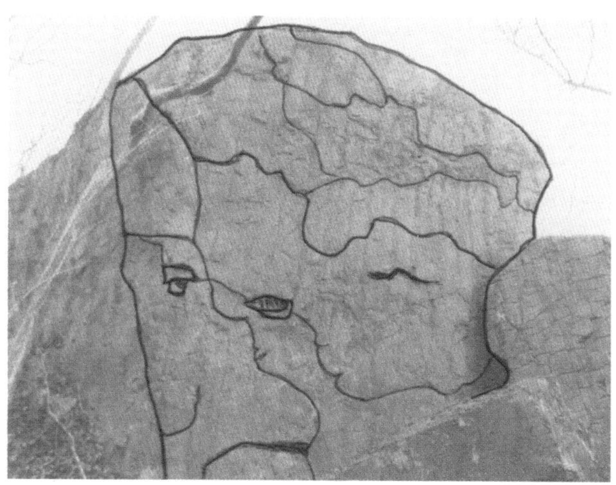

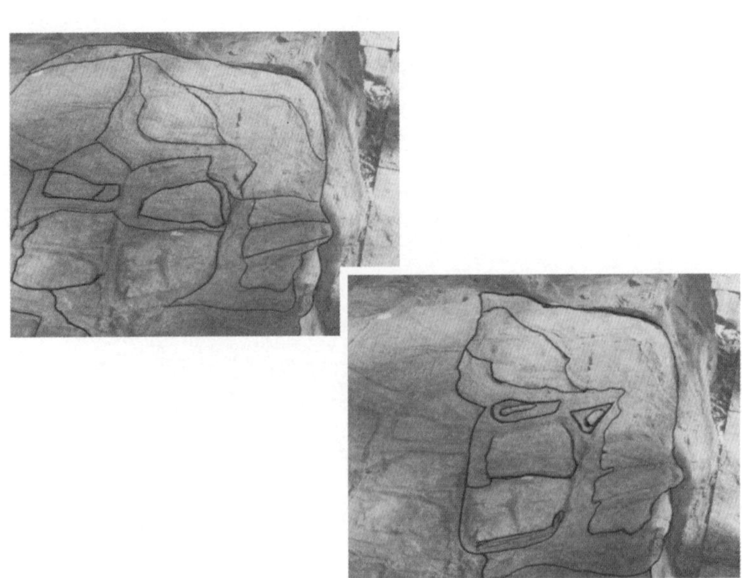

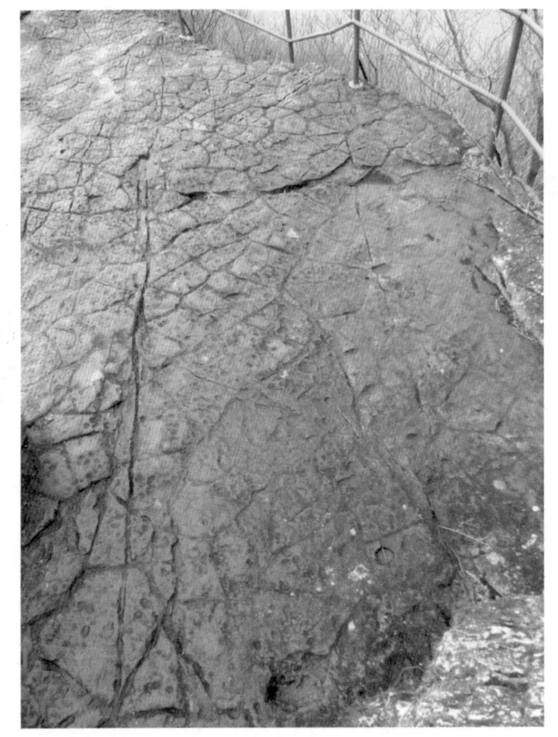

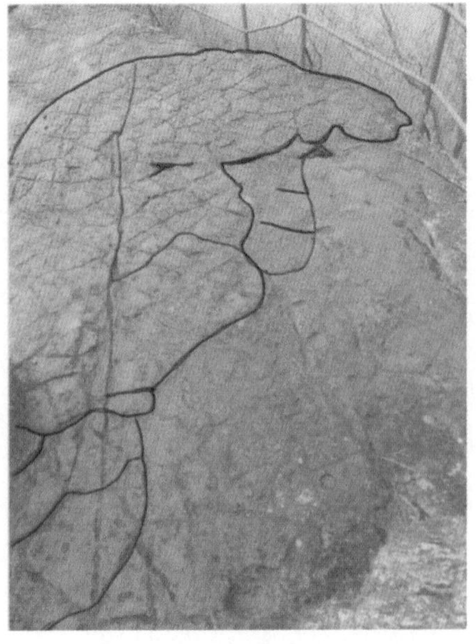

눈을 공유하는 인물상. 두 인물상이 마주 보는 모습으로 겹쳐졌다.

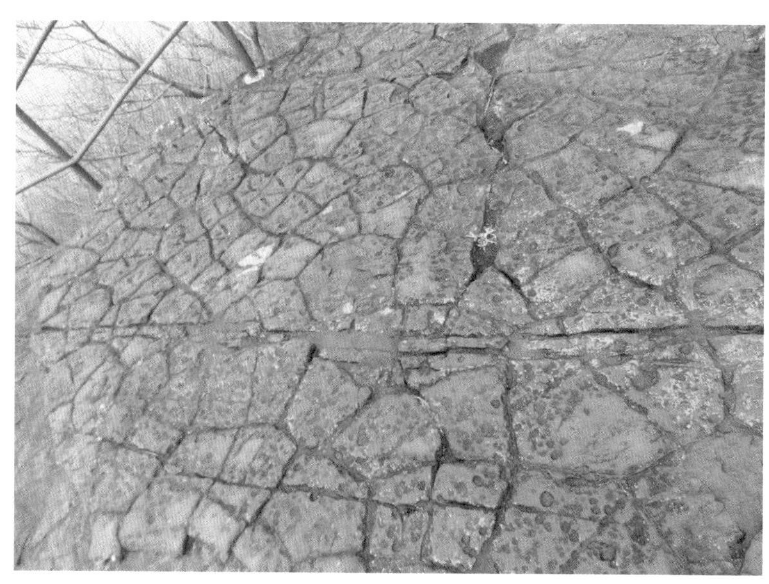

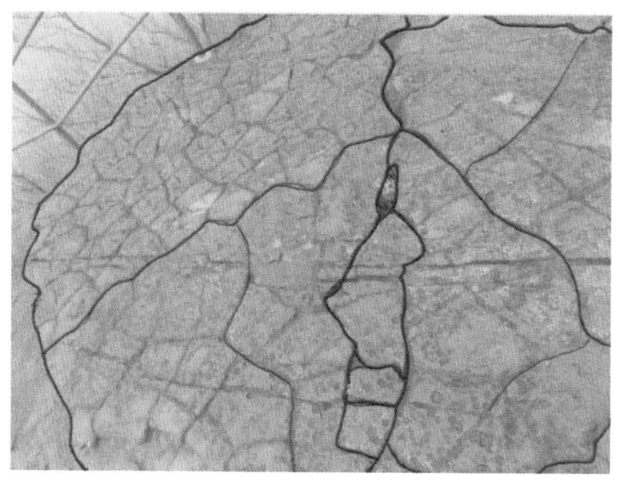

무늬에 덮여 있는 바위의 형상.

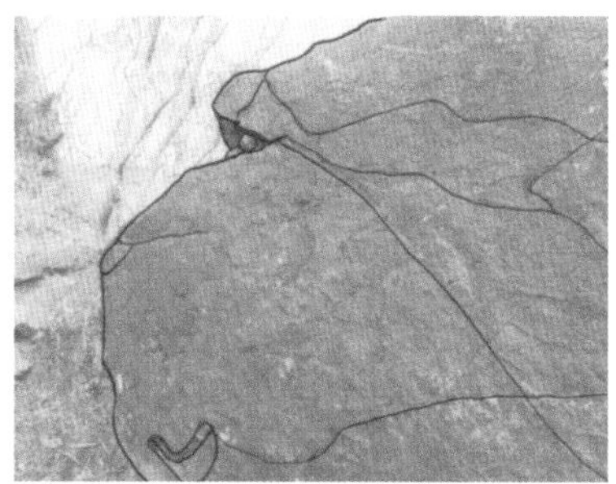

사진 찍을 위치가 마땅치 않았지만 거북이 형상 바위의 거북등무늬가 선명하다.

위에 올려진 작은 바위는 아래 바위와 색상과 무늬가 다르다. 자연적으로 생성될 수 없는 모습인데 이와 같은 형태로 산의 정상이나 높은 곳의 암반에 작은 바위가 올려져 있는 경우가 많다. 화순 고인돌공원 채석장에도 이러한 형태가 나타나는데, 선인들이 곳곳에서 행한 보편적 행위인 듯하다.

이곳 바위는 특히 문양이나 색상이 달라 올려놓은 것이 분명해 보인다.

산 정상의 바위도 거북이 모양이다.

자연적으로 형성되기 어려워 보이는 모습의 바위에 나타난 형상. 양쪽 어두운 부분이 눈처럼 보인다.

금오산 전체가 형상을 나타낸다.

위 형상의 눈 부위에 나타난 형상. 소녀가 암벽에 등을 기대고서 오른쪽으로 고개를 돌리고 하늘을 올려다보는 듯하다.

금오산이 일정한 형상을 띠기 위해서는 해안가도 다듬어져야 할 것이다. 금오산 근처의 해변에 나타난 형상을 살펴보자.

금오산의 바위와 섬 끝자락이 연결되어 우측으로 고개를 돌리고 있는 거북이 형상을 조성하였다.

거북이의 머리 모양이며 금오산을 거북이 형상이라고 하는 이유가 분명해 보인다.

거북이가 뒤쪽 금오산을 돌아보고 있는 듯하다.

금오산의 바위에 나타난 특이한 무늬들은 신기하게도 연결된 옆 산에는 전혀 나타나지 않는다. 양쪽 산 사이의 계곡을 경계로 금오산 쪽은 거의 모든 바위에 무늬가 나타나고, 옆 산에는 전혀 나타나지 않는다. 옆 산이 금오산보다 높은데도 그리 높지 않은 금오산만을 따로 떼어 이름을 붙인 이유가 여기에 있을 것이다. 자연적으로는 이렇게 형성될 수 없을 거라 생각한다.

3장에서 살펴본 곳들은 모두 각자의 특징을 가지고 있었다. 금오산의 무늬는 나주 암각화와 고인돌에 소규모로 나타난 것 이외에 다른 곳에서는 볼 수 없었다. 이러한 현상은 미국 서부의 국립공원들이 같은 사암 지대에 있음에도 그 모습이 극명하게 다른 이유를 설명하는 단초가 될 것이다.

4장

공룡발자국 화석지의 생명형상

1. 서언

공룡발자국은 생물에 의하여 바위에 흔적이 남는 것으로, 사람에 의한 인위와 자연에 의한 풍화, 침식 작용 등과는 구별된다는 점에서 중요한 의의가 있다.

우리나라 공룡발자국화석은 세계적 규모라 한다.

남한의 백학기 공룡화석은 세계적으로 가치를 인정받고 있을 만큼 풍부하다. 특히 전남과 경남 해안의 발자국화석은 세계적 규모다.[1]

익룡의 발자국화석도 많다고 한다.

세계 9개국 나라에서 익룡발자국화석이 발견되는데 한국과 스페인이 가장 많다. 특히 아시아에서는 우리나라가 익룡발자국화석의 최초, 최대, 최다 기록을 모조리 보유하고 있어 익룡 연구에서 세계적인 중요성을 지닌다.[2]

공룡이 살아가기 위해서는 먹이가 되는 식물이 필요할 것이고, 식물이 자라기 위해서는 주기적으로 비가 내려야 한다. 주기적으로 비가 내리는 곳에서 발자국이 단단하게 굳어 화석이 될 수 있을까? 반대로 비가 내리지 않아도 흙이 마르고 갈라져 바람에 날리므로 역시 화석화를 생각하기 어렵다.

단단하게 굳기 전에 흙이 덮으면 발자국도 함께 암석화되어 흔적이 남지 않을 것이다. 생물 중 공룡만 발자국이 남아 있는 것도 이해할 수 없다. 단단한 뼈의 화석이 거의 발견되지 않은 것도 설명하기 어렵다. 육식동물에 쫓겨 바다에 빠졌거나, 뼈가 물에 쓸려 갔다는 등 여러 가지 설명이 대두되나 모두 설득력이 없다. 발자국이 긴 거리에 일정한

---

1) 『한반도 자연사 기행』, 조홍섭, 한겨레출판사, 112쪽.

2) 위의 책, 118쪽.

간격으로 남아 있는 경우가 많은데 이는 평온하게 걸어야 가능할 것이며, 뼈가 물에 쓸려 갔다면 발자국은 당연히 물에 의해 지워질 것이다. 연구자들이 암반에 나타난 큰 자국들을 공룡발자국이라 한 것은 무엇 때문일까?

첫째, 암반에 일정한 간격으로 큰 홈이 패이는 것은 자연적으로 이루어질 수 없기 때문이다.

둘째, 발자국 모양이 공룡의 그것을 닮았기 때문이다.

이처럼 자연적으로 이루어질 수 없고 그 모양이 공룡의 발자국과 같으므로 공룡발자국이라 결론을 내리는 것은 어쩌면 당연해 보인다. 그러나 앞에서 설명하였듯이 공룡이 살아가기 위해서는 비가 내려야 하고, 비가 내리는 곳에서는 발자국이 그 형태를 유지할 수 없다는 점에서 이것들이 공룡발자국이라고 하기는 어렵다.

공룡발자국화석 주위에 자주 보이는 연흔(물결무늬)화석도 같은 이유로 화석화되기 어렵다.

〈화순 서유리 공룡발자국화석지〉

자연적으로 생성될 수 없고 공룡의 발자국도 아니라면 이러한 홈들은 무엇일까? 앞에서 보았듯이 선인들은 바위에 다양한 행위를 하였는데, 이 또한 선인들에 의한 것은 아닐까? 이 장에서는 공룡발자국화석지에 생명형상이 나타나 있는지 살펴보고 선인들에 의한 것인지, 또 그 의미는 무엇인지를 분석해 보기로 한다.

2. 고성 공룡발자국화석지

고성 공룡발자국화석지는 1982년 우리나라 공룡발자국화석지 중 최초로 발견되었다 한다. 따개비 등 해양 생물에 덮여 있어 발견이 늦은 듯하다. 현재 드러나 있는 공룡발자국은 화석 전문가가 따개비 등 발자국 안에 붙어 있는 것만을 적절히 제거하였다 한다.

먼저 화석지에 나타난 다양한 형태의 생명형상을 살펴보자.

거북등처럼 갈라진 무늬에 인물상이 나타났다.

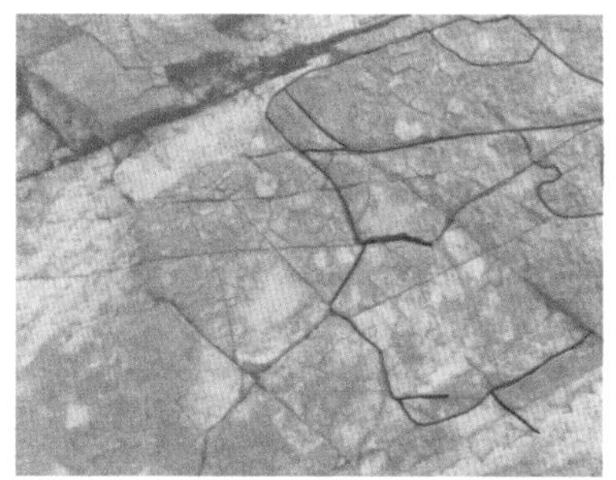

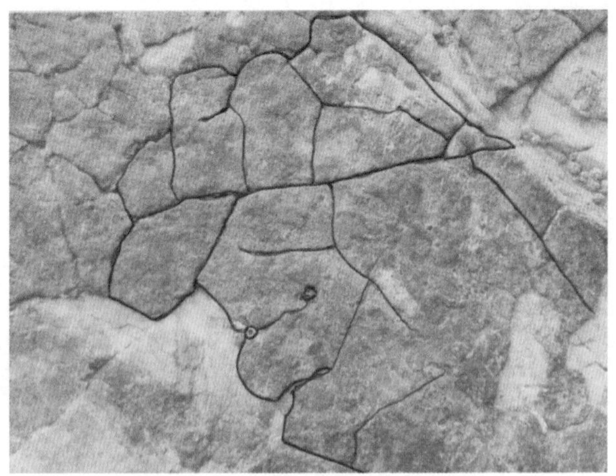

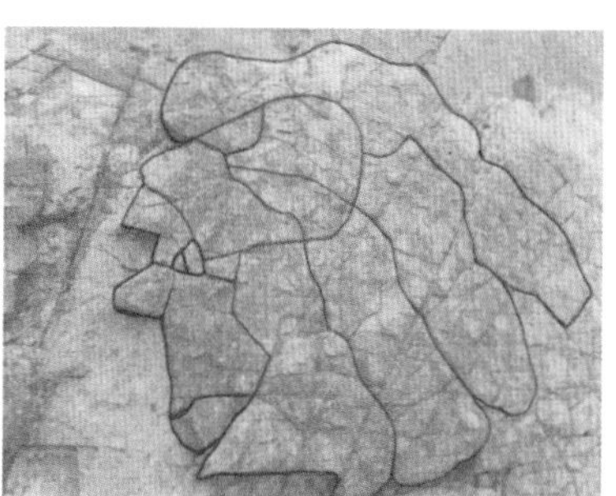

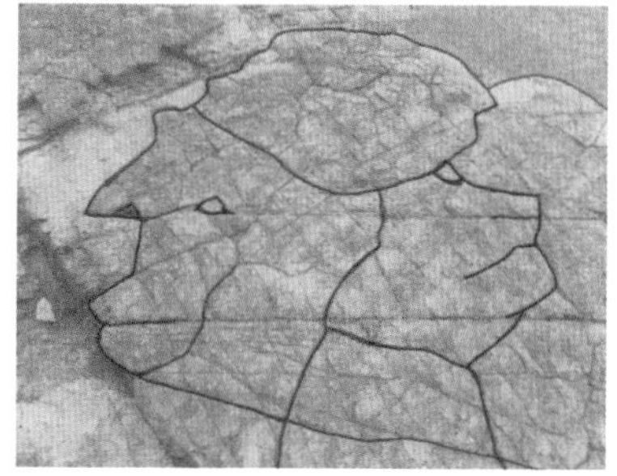

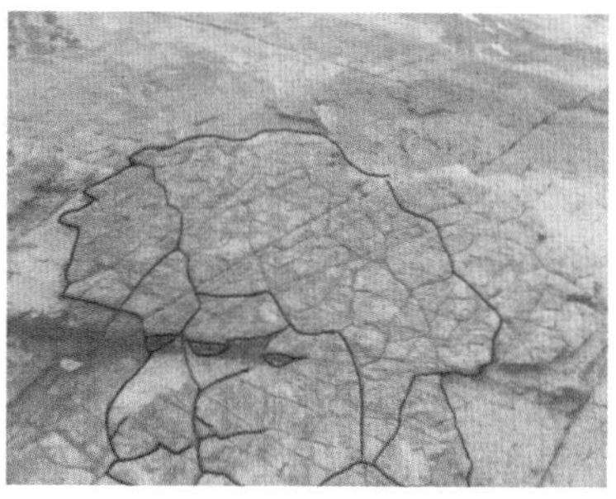

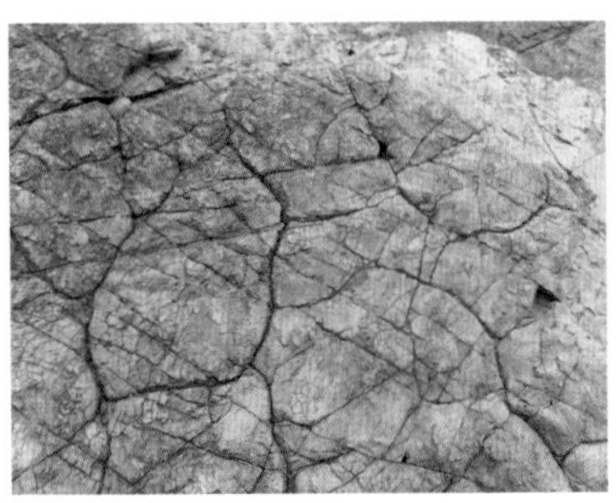
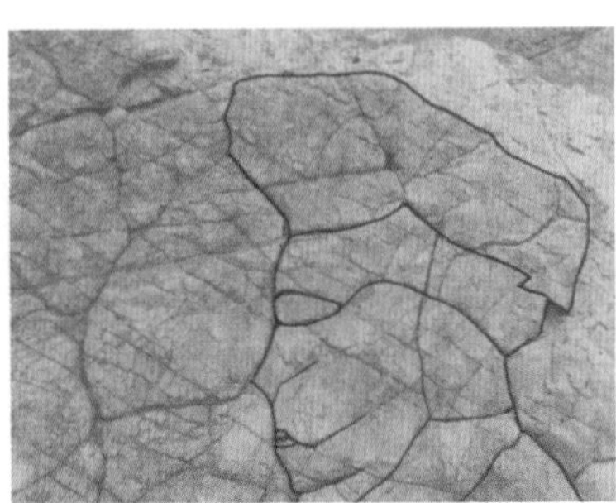

무늬 안에 나타난 형상.

선과 바위의 윤곽을 이용한 형상.

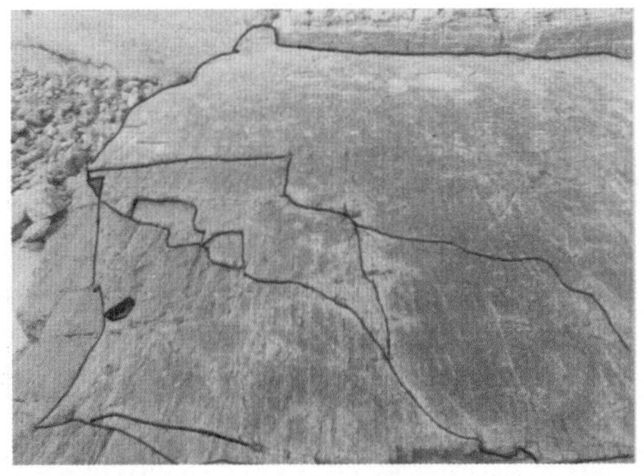

암벽 면에 나타난 형상.

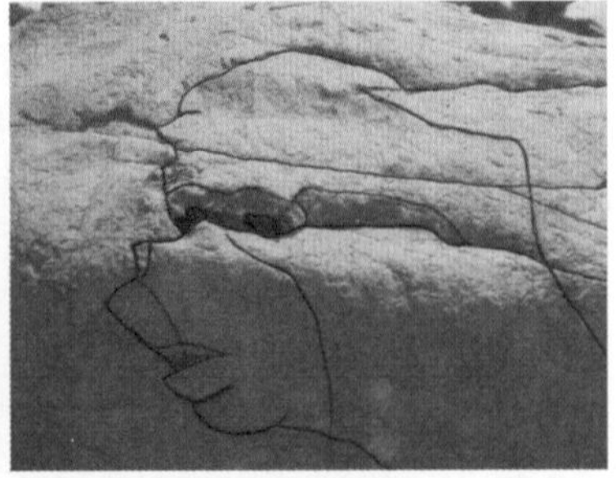

물이 물고기 형상의 눈과 윤곽선을 이루었다.

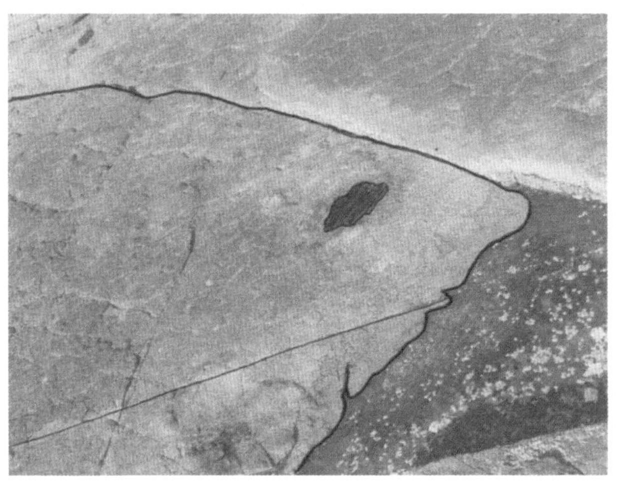

다양한 인물상을 보자.

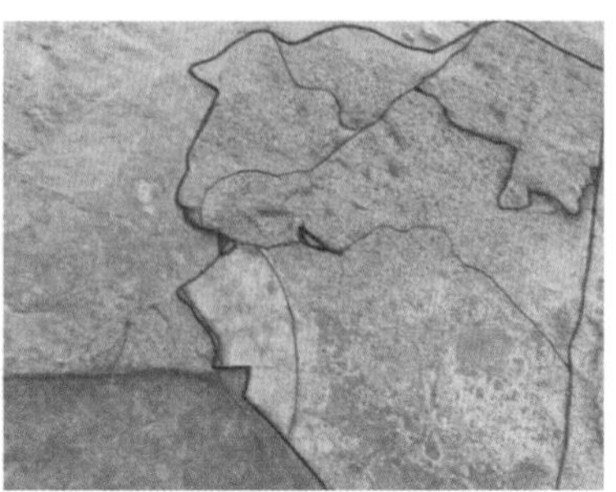

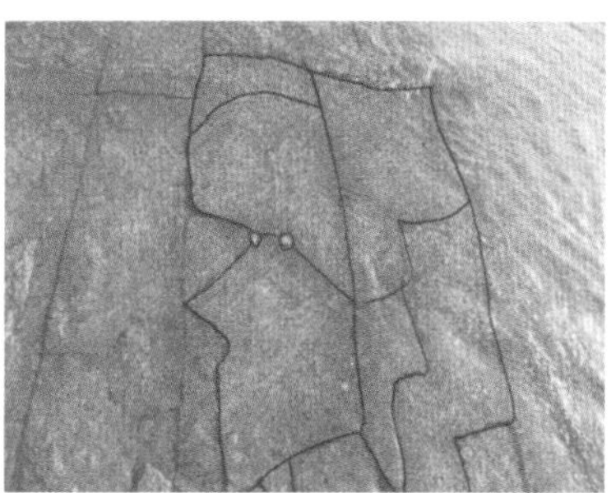

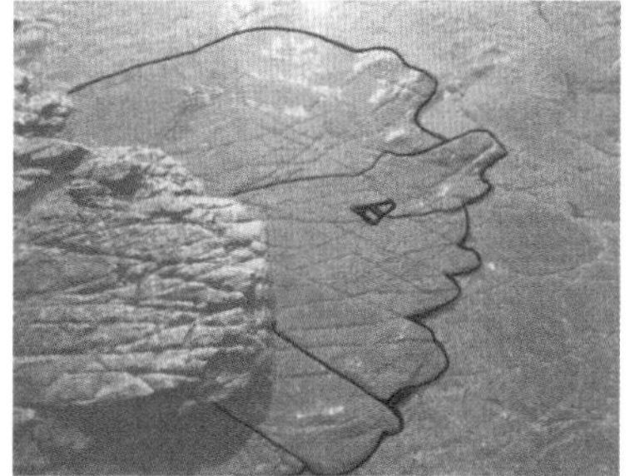

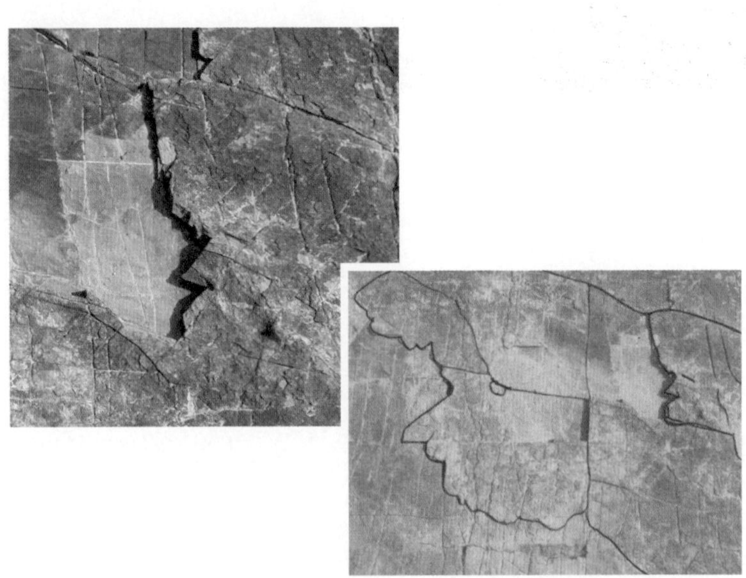

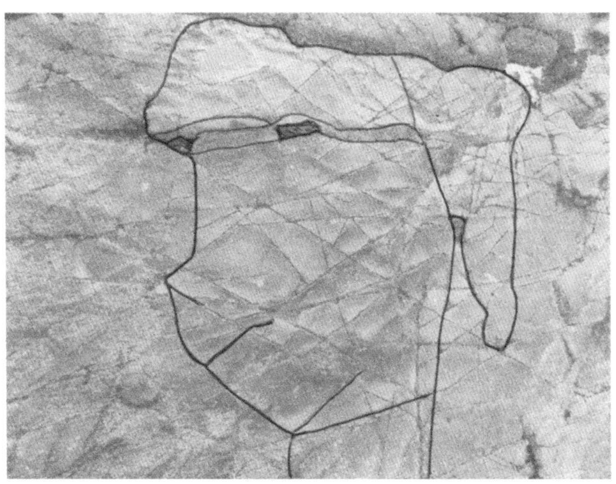

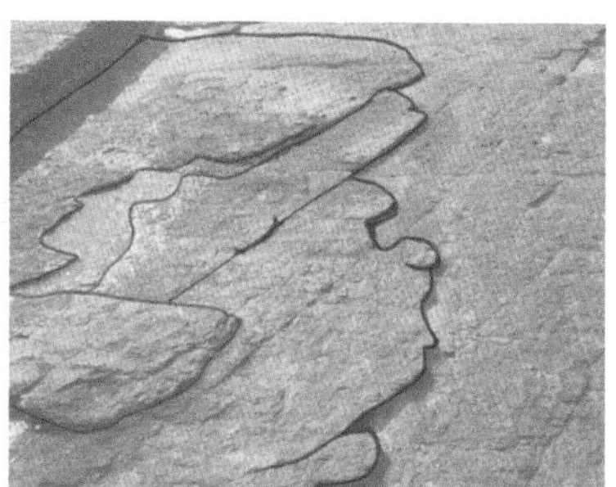

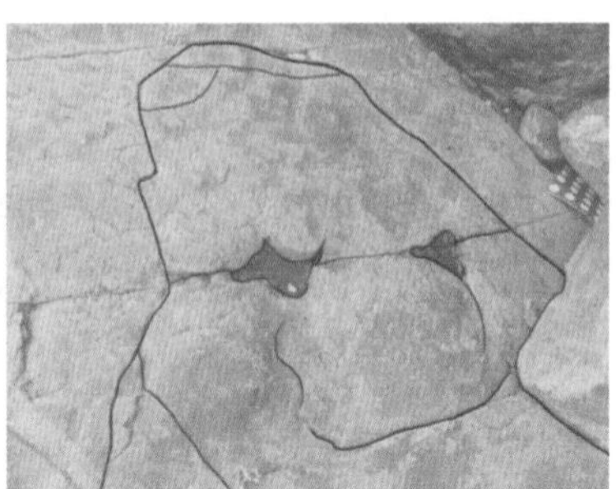

반인반수의 형상이 무엇인가를 물고 있는 듯하다.

위에서 다양한 형태의 뚜렷한 형상을 통하여 많은 생명상이 새겨져 있는 것을 살펴보았다. 이제 앞에서 살펴본 것보다 뚜렷함은 덜하겠지만 규모가 더 큰 형상들을 통하여 화석지가 전체적으로 다듬어진 것인지를 살펴보자.

매우 불규칙한 지층면이 보인다.

이에 대하여 다음의 설명이 있다.

이는 퇴적물이 단단하게 굳기 전 수없이 많은 공룡이 밟고 움직인 결과로 만들어진 구조로서 소위 공란작용恐亂作用의 결과라고 할 수 있다. 이 퇴적층은 학자들에 따라 약간의 이견이 있다.[3)]

넓은 지역에서 일부에만 이런 지형이 나타나는 것을 보면 자유롭게 이동하였을 공룡에 의한 것은 아닐 것이다. 또한 공란작용이 일어나는 곳에 깊고 길게 이어지는 선들이 그어질 수는 없다. 이 선들이 생명형상을 표현하고 있어 위의 설명이 사실과 다르다는 것을 말해 준다.

---

3) 『한국의 공룡화석』, 국립문화재연구소, 궁리출판, 23쪽.

칼로 자른 듯한 면이 나타나는 형상.

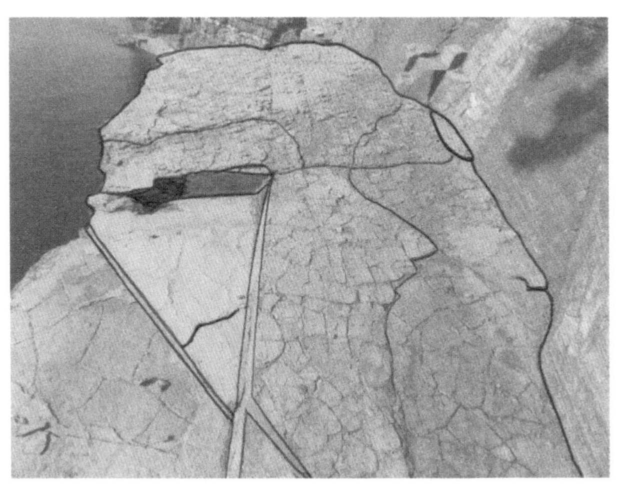

수평면과 수직면이 함께 형상을 이루었다.

다양한 형상을 보자.

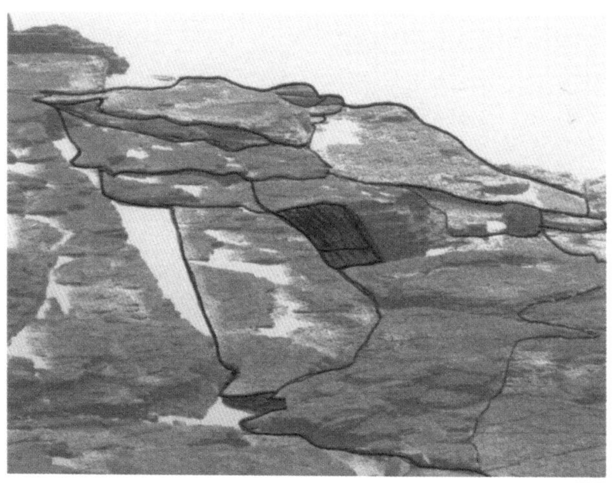

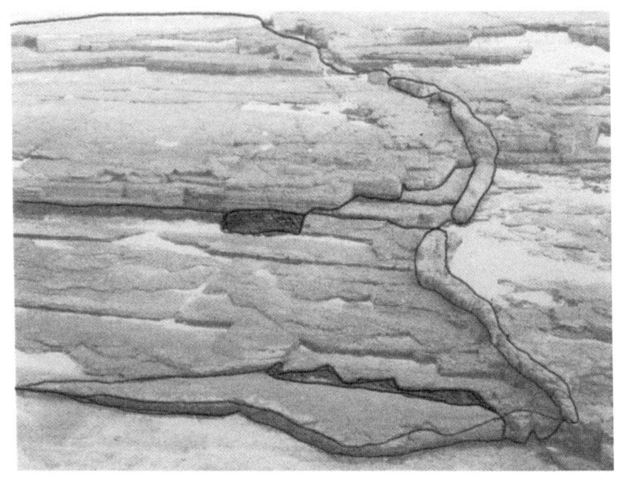

앞에서 살펴본 많은 형상 중 일부가 이 큰 형상 안에 들어 있다.

주변의 암벽에도 형상이 나타난다.

물이 형상을 이룬다.

홈에 해양 생물이 자라며 형상을 이룬다.

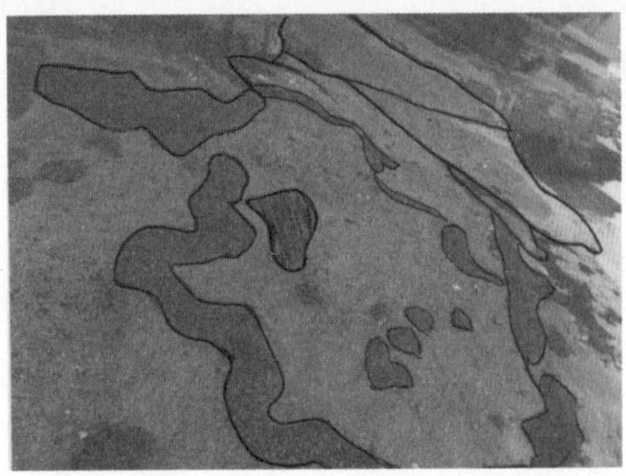

코와 입이 정교하게 조각되어 있고 작은 돌조각이 눈을 이룬다. 언제부터 돌조각이 이곳에 놓여 있었을까?

암벽에 나타난 흰색의 물질이 인물상을 표현한다.

시멘트로 보이는 물질에 네모 모양의 작은 나무가 고정되어 있다. 전작에서 살펴보았는데, 남해 바닷가에도 비슷한 형태로 규모가 큰 것이 있다.

이제 본격적으로 공룡발자국을 살펴보자.

발자국 형태의 홈이 일정한 간격으로 길게 나타나 있다.

밀물 때의 모습으로, 여러 줄의 발자국이 보인다.

썰물 때의 모습으로, 전체적으로 형상을 띠는 곳에 여러 줄의 발자국이 보인다.

이처럼 일렬로 형상이 나타난 것은 공룡발자국이라는 중요한 근거가 된다. 함안 명관리 공룡발자국화석지의 발자국은 깊고 뚜렷하지만 일렬이 아니며 불규칙하게 배치되어 있다.

깊게 패어 있어 뚜렷한데도, 불규칙성 때문에 공룡발자국화석이 본격적으로 연구되기 전에는 이를 자연적으로 우연히 패인 홈으로밖에 보지 않았을 것이다. 이곳에도 홈들이 눈과 윤곽선을 조성하는 형상이 나타난다.

위 발자국화석에서 조금 떨어진 곳에 큰 바위가 있는데 안내판에 '전돌(굴러 온 돌) 위쪽에도 공룡발자국이 발견된다.'고 쓰여 있다.

공룡이 걸어간 곳 암반에서 분리되어 굴러 왔다는 것인데 둥글지도 않고 바닥이 넓은 바위가 굴러 올 수 있을까?

한쪽은 움푹 팬 계곡이니 굴러 올 수 없고, 다른 쪽에서 굴러와야 할 것인데 그곳도 가파르지 않은 지대가 넓게 펼쳐졌다. 일렬로 홈이 파여 있어 공룡발자국이라 하나 설득력이 없다.

해양생물에 덮여 있어 발견하기 어려웠을 고성 지역의 공룡발자국 화석지가 우리나라 화석지 중 최초로 발견된 데에는 일정한 간격을 유지하고, 일렬로 배치되어 있었기 때문이 아닐까 한다.

공룡발자국이 눈이나 입을 표시하며 다양한 형상을 조성하고 있다.

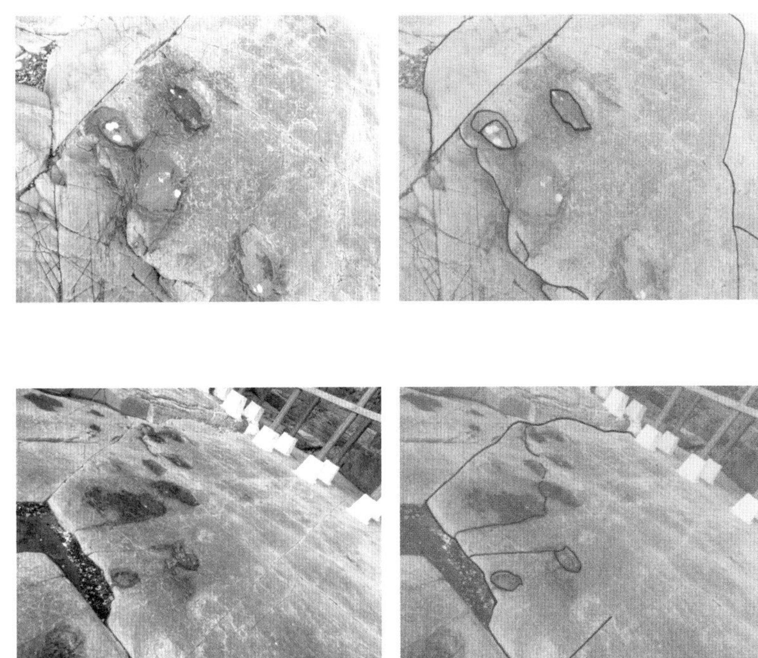

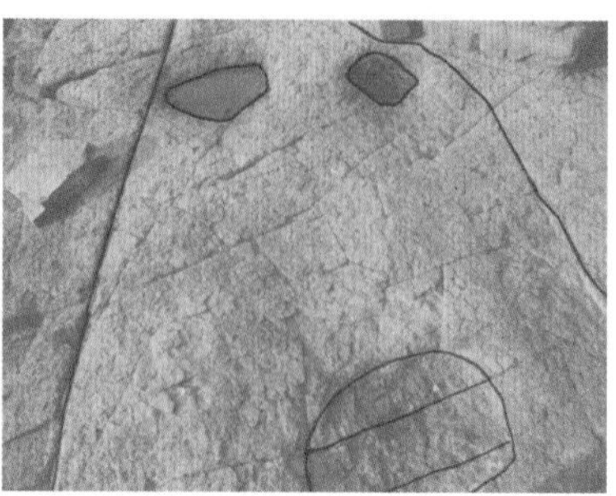

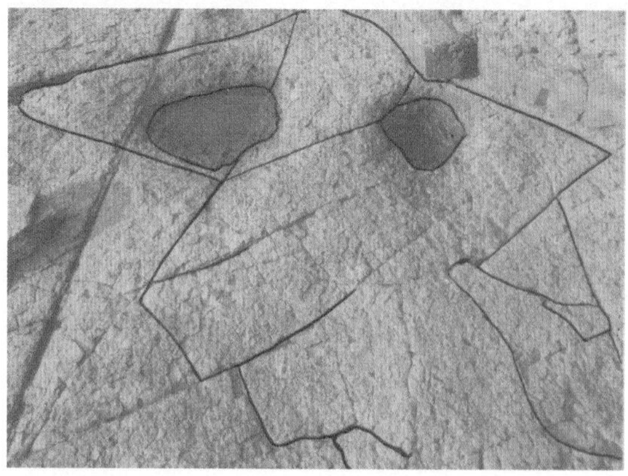

고인돌에서 보았던 포도송이 모양의 무늬가 있으며 이 무늬가 형상의 윤곽선을 이룬다.

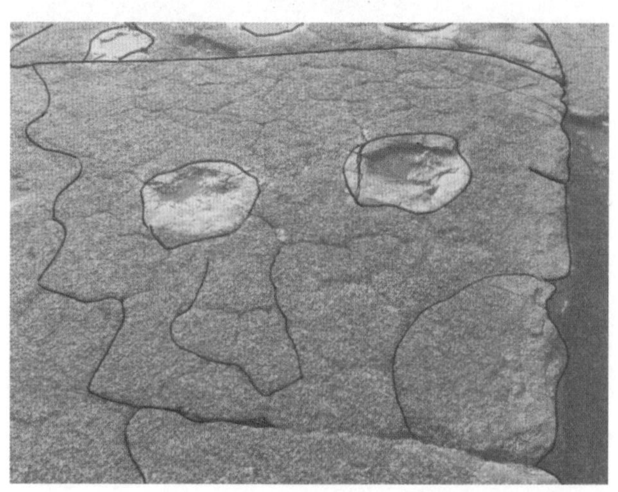

형상의 눈을 이루는 공룡발자국에 선이 지나간다.

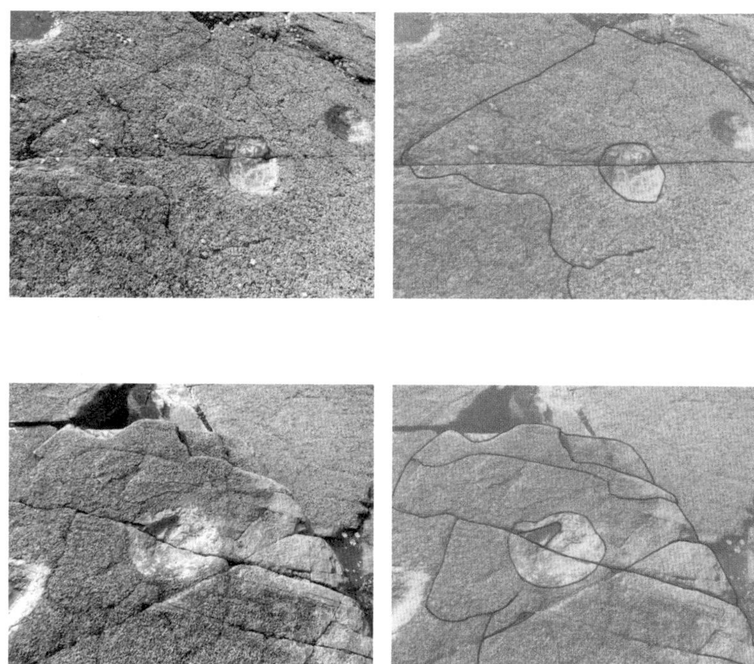

원래 선이 그어져 있던 진흙을 무거운 공룡이 밟는다면 기존의 선은 지워진다. 발자국이 화석화된 이후 선이 생성되었다 하더라도 얕은 선이 발자국 깊은 부분까지 뚜렷하게 이어질 수는 없을 것이다. 결국 선은 선인들이 발자국 형태로 홈을 판 후 인위적으로 그은 것이라 보아야겠다.

공룡발자국화석지에는 자연적으로 그어지지 않은 것으로 보이는 수많은 선이 나타난다. 다음을 보면 각기 다른 방향의 선이 정확하게 만나고 있어 선이 바위의 결따라 자연스레 생겨난 것이 아님을 알 수 있다.

직선이 곡선과 이어지거나 세로줄의 직선이 가로줄에서 정확히 끝난다.

평행한 직선이 반듯하게 그어졌다.

자를 대고 그은 듯한 반듯한 줄.

선이 형상의 윤곽선을 정확하게 그린다.

위의 선들이 자연적으로 그려질 수는 없다. 고인돌과 암각화에서 보았듯 선인들은 바위를 반듯하게 자르거나 선을 그을 수 있었다. 그러므로 이 선들 또한 선인들에 의한 것이라 보는 게 타당하다.

공룡발자국을 지나는 선들을 더 살펴보자.

두 개의 선이 형상의 눈을 이루는 공룡발자국에서 교차하는데, 끊기거나 곡선으로 바뀐다.

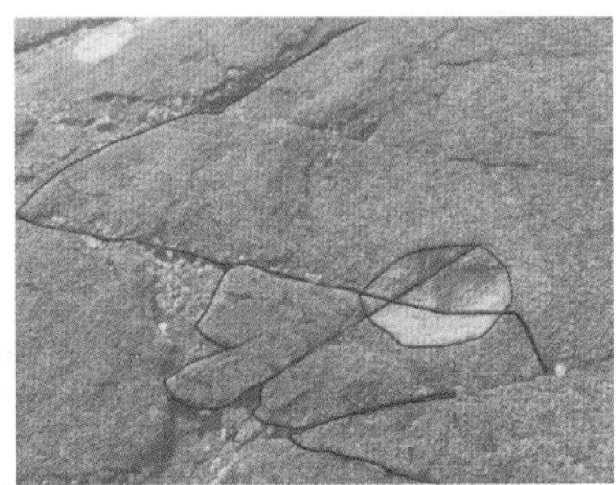

발자국 밖에는 하나의 선만이 뚜렷하며, 안에는 두 개의 선이 지난다.

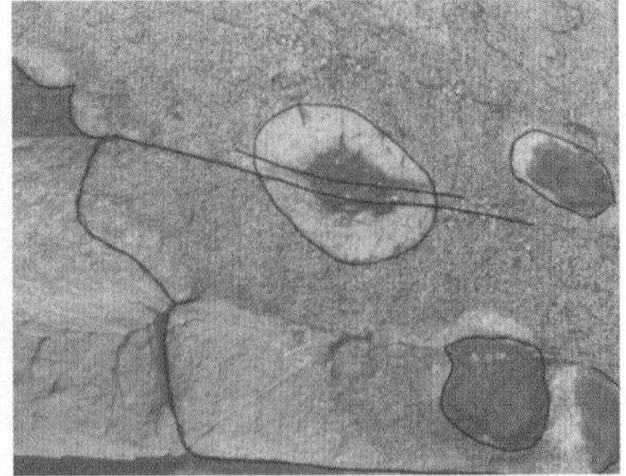

공룡발자국화석지로 알려져 온 이곳에는 사람의 손길이 닿은 또 다른 형태의 흔적이 있다. 형상의 주변에 작은 구멍들이 보이는데 그 원이 반듯하게 둥글다.

많은 구멍이 나타나며, 해양 생물에 덮여 있는 곳에도 구멍이 보여 더 많은 구멍이 있을 것으로 짐작된다.

유사한 구멍들이 화석지에서 약간 떨어져 있는 곳의 개별 바위들에도 많이 나타난다.

위의 구멍 중 검게 보이는 작은 구멍은 입구보다 안쪽이 넓게 파여 있다.

이러한 구멍들은 형태적으로 보면 완전하게 둥글거나 입구보다 안쪽이 넓은 것도 있으며, 원이 서로 겹친 곳도 많아 자연적으로 형성될 수는 없었을 것이다. 자연적으로 생성될 수 없다는 것은 여러 지역의 답사에도 불구하고 다른 지역에서 유사한 형태의 것을 찾아볼 수 없었다는 것으로도 설명할 수 있다. 바위에 자연적으로 나타나는 것이라면 다른 지역에서도 다수 볼 수 있어야 할 것인데 전혀 그렇지 않으니 자연 현상으로 볼 수는 없다.

특히 선인에 의한 것으로 추정되는 공룡발자국 형태의 홈이 많이 모여 있는 곳에 나타난 이러한 구멍은, 공룡발자국 모양의 홈을 조성한 선인들에 의하여 생성되었다고 추정하는 것이 타당하다. 이 구멍들과 비슷한 형태의 구멍이 나타난 유물이 있다. 여수 송도에서 출토되었다는 신석기 시대의 '갈판과 갈돌'이라 이름 붙여진 유물인데, 순천대 박물관에 전시되어 있다.

돌에 구멍이 뚫려 있는데 아래쪽 홈에는 엄지손가락을, 위쪽 홈에는 다른 손가락을 넣어 돌을 고정하고, 위에 곡물 등을 놓고 가는 맷돌 기능을 한 것으로 보는 듯하다. 그러나 무엇을 갈기에는 돌이 너무 작다. 넓은 바위가 많은데 이런 작은 돌에서 작업할 이유는 없다. 이는 갈판이 아니라 위쪽의 두 구멍이 눈이 되고, 중간의 원이 코가 되며, 아래쪽의 입 모양의 구멍이 입이 되는 생명형상을 표현하고 있는 것으로 해석하여야 할 듯하다.

다른 방향에서 보면 두 구멍이 눈이 되고 앞쪽의 파인 홈이 입이 되는 형상이다.

생명형상을 표현하는 위의 구멍들은 선인들에 의하여 파였을 것이다. 따라서 유물의 구멍과 유사한 화석지의 구멍들도 선인들에 의하여 생성된 것으로 보아야 할 것이다. 공룡발자국화석지의 이러한 구멍들은 선인들이 표시로서 남긴 듯하고 이는 고인돌의 쐐기홈과 같은 기능을 하는 것으로 판단할 수 있다.

화석지의 매우 인공적으로 보이는 큰 구멍도 선인들의 작품일 것이다.

위의 구멍을 이용한 형상.

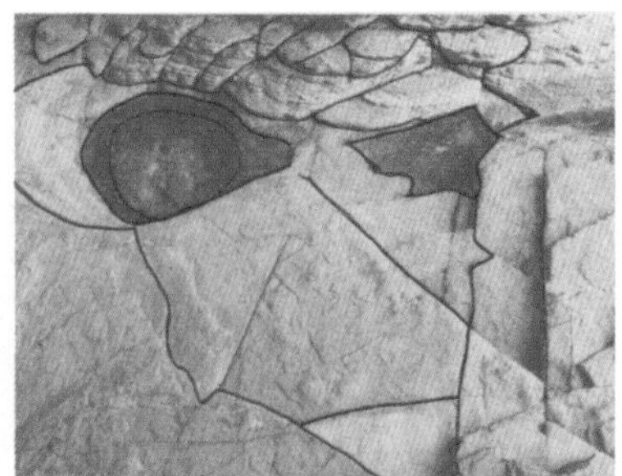

위의 두 구멍이 눈이 된다.

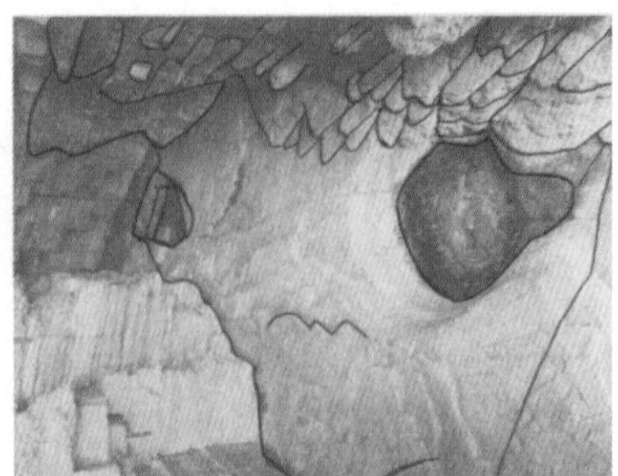

고성 공룡발자국화석지에는 화성암에 보존된 세계 유일의 공룡발자국이 있다 한다.

덕명초등학교 남쪽 동남 해안에는 두께 2m에 가까운 관입암상이 주변 퇴적암의 층면을 따라 관입하고 있는데 이 암상 표면에 대형 용각류의 앞발과 뒷발의 발자국이 비교적 규칙적으로 보존되어 있다. 화성암에 화석이 보존된 경우는 전 세계적으로도 초유의 일로서 매우 희귀한 것이다.[4)]

화석지에 새겨져 있던 이전 안내판에는, 화성암에는 발자국이 생길 수 없는데 생겨 있으니 알 수 없는 현상이라고 되어 있었는데, 이를 화성암의 관입으로 설명하는 듯하다. 발자국이 찍혀 있던 퇴적암에 화성암이 관입하여 그곳으로 옮겨졌다는 것인데, 이는 사실에 맞추기 위하여 무리하게 설명한 것이 아닌가 한다.

공룡발자국이 아닌 것을 공룡발자국이라는 관점에서 설명하려고 하니 이런 일이 생겼다. 발자국이 생길 수 없는 화성암의 발자국 형상은 공룡발자국이 아닌 선인들에 의하여 새겨진 것임을 확인시켜 주고 있다 할 수 있겠는데, 왜 세계에서 유일하게 우리나라에만 나타나는지 그 의미를 생각해 보아야 할 것이다.

---

4) 『한국의 공룡화석』, 19쪽.

3. 해남 우항리 익룡발자국화석지

공룡발자국과 함께 익룡의 발자국이 나타나는 해남 우항리 공룡발자국화석지를 살펴보자.

화석지 주위의 암반에 생명형상이 나타난다.

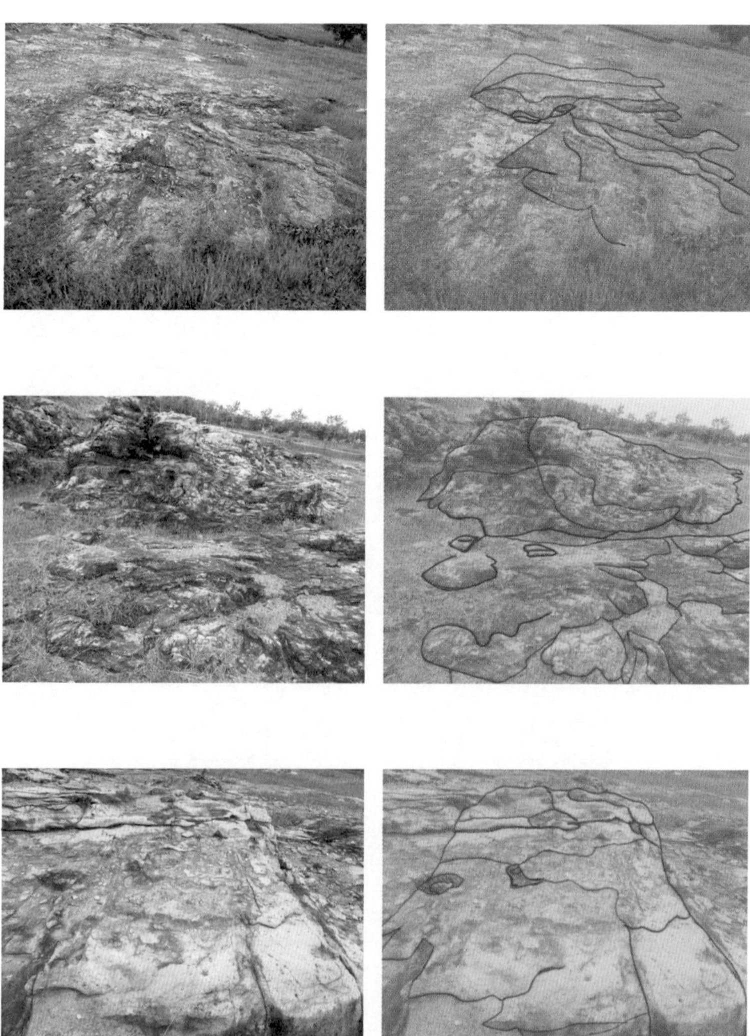

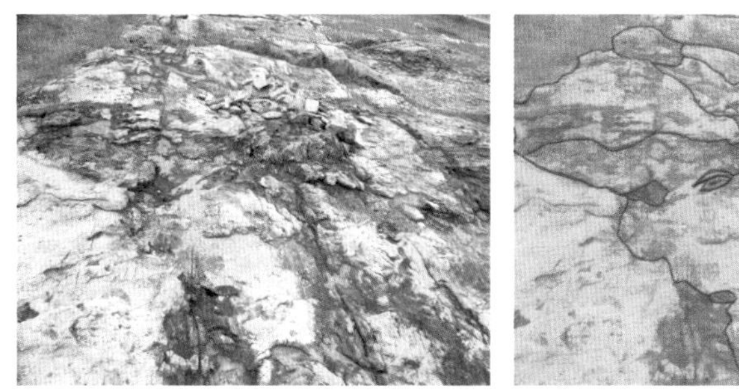
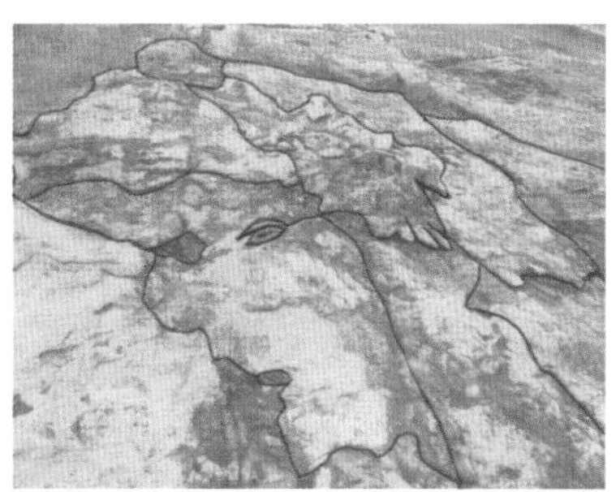

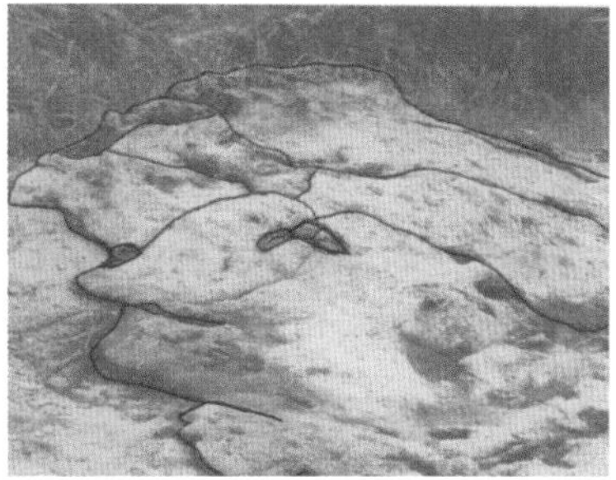

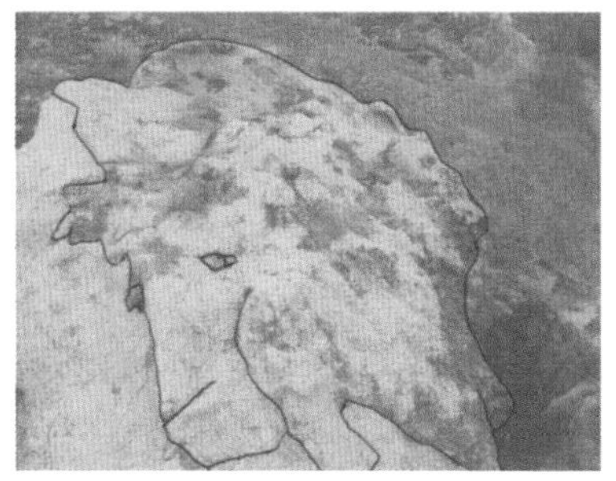

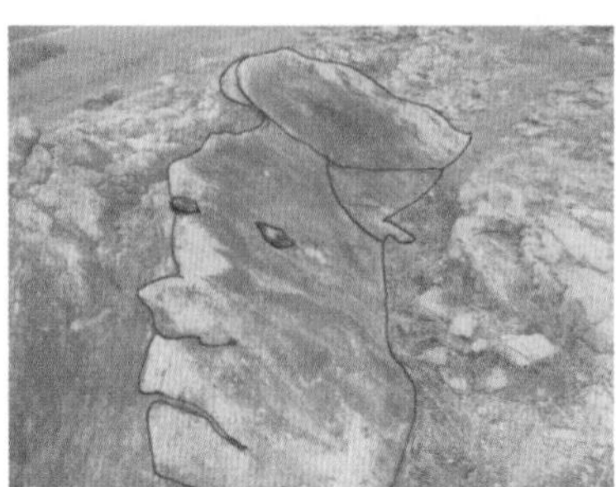

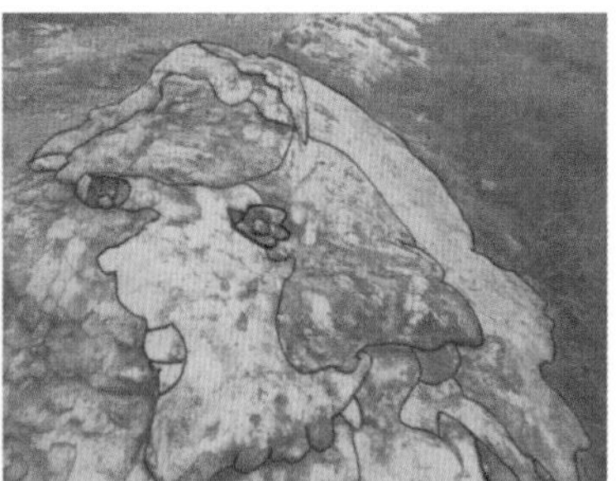

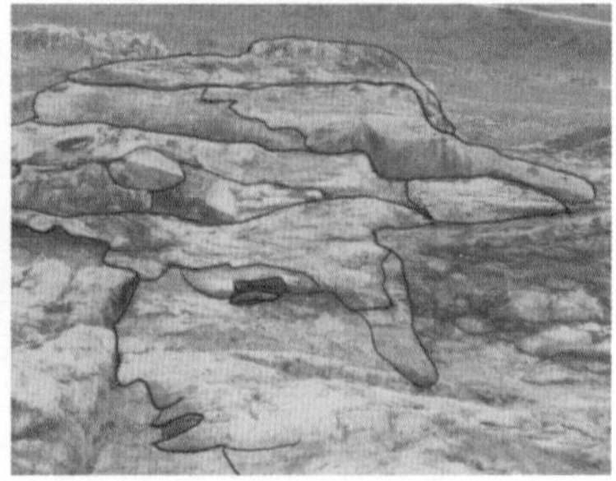

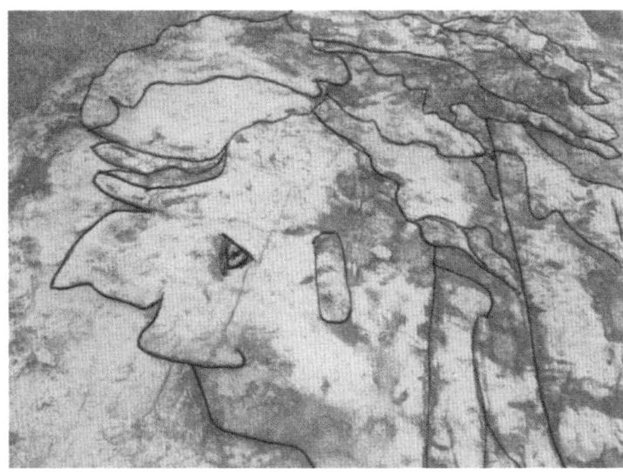

바위구멍이 형상의 눈을 이루었다. 이는 고인돌의 쐐기홈과 같은 표시의 기능을 할 것이다.

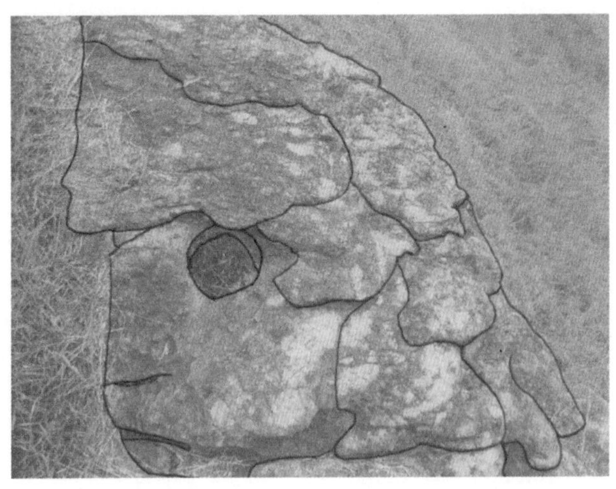

다양한 방식으로 표현된 규모가 작은 형상들을 살펴보자.

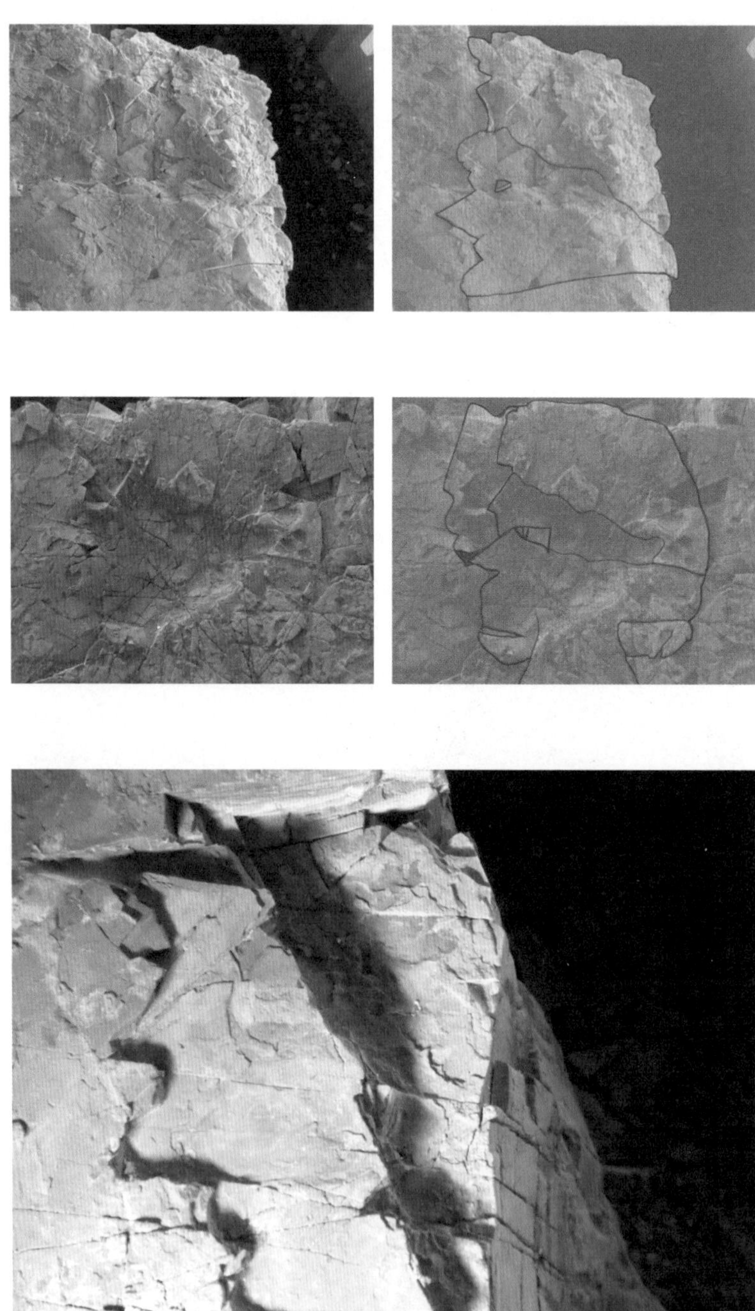

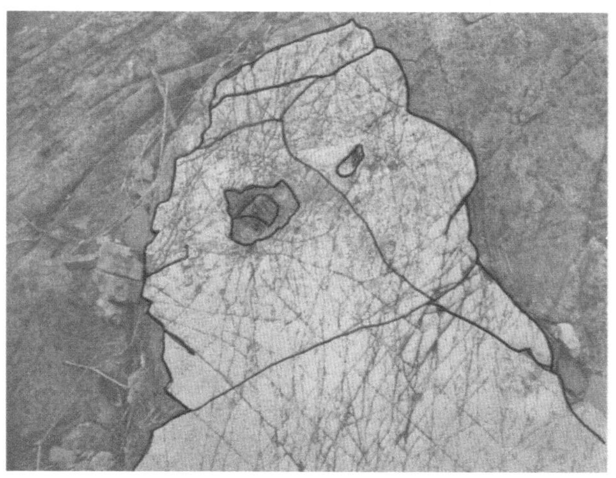

발자국 형상이 나타난 암반에 형상을 새겼다.

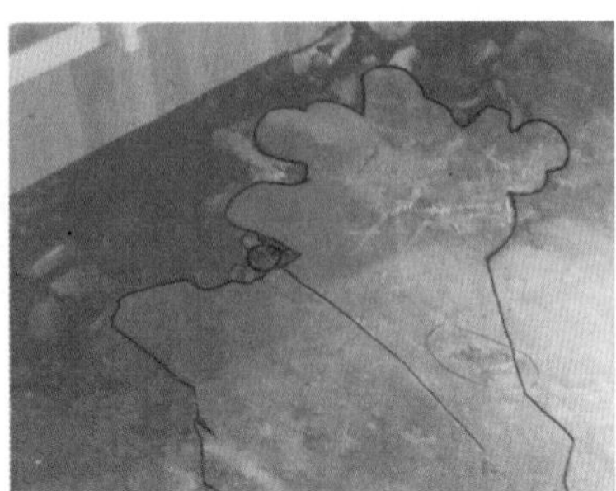

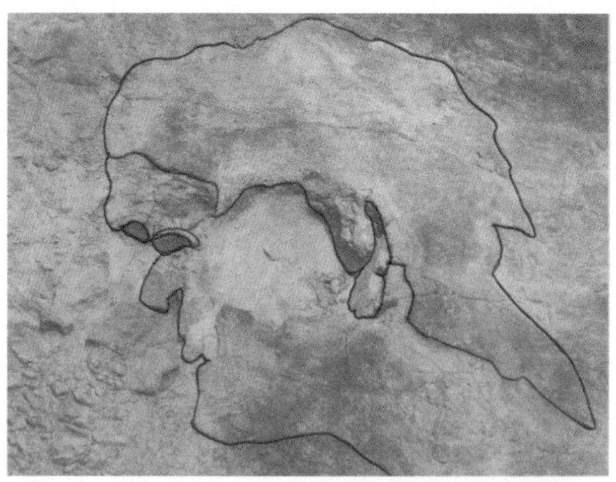

해남 우항리의 익룡발자국화석은 세계 최대 규모라 한다.

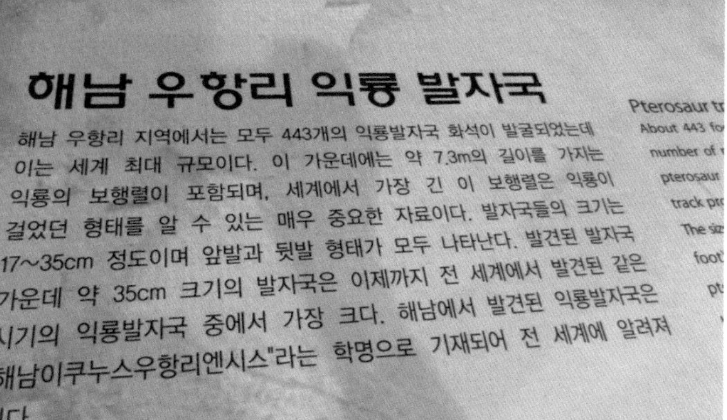

앞에서 공룡발자국의 화석화가 성립할 수 없다고 설명하였는데, 익룡의 발자국 역시 화석화될 수 없었을 것이며 얕게 나타난 홈을 익룡발자국이라 하는 것은 이러한 홈이 자연적으로 생성되기 어렵고 공룡발자국 주변에 나타나기 때문일 것이다. 그러나 익룡발자국이 나타난 암반과 그 주변이 전반적으로 다듬어져 있어, 이 또한 익룡발자국이 아니라 선인들이 새긴 것이라 보아야 하겠다.

익룡발자국을 활용하여 형상을 표현하였다. 익룡발자국이 목의 윤곽선을 이루는 뚜렷한 인물상.

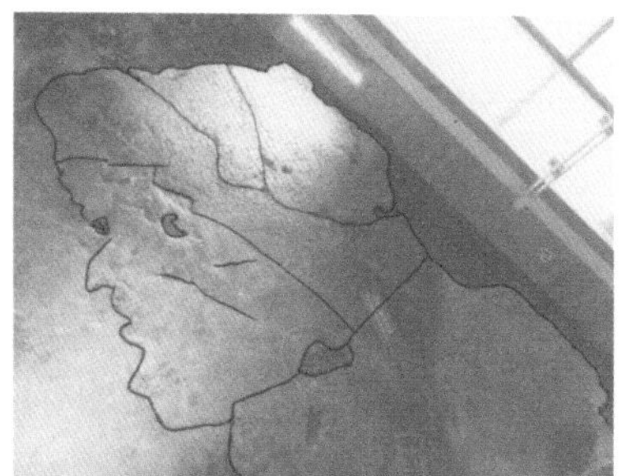

위의 인물상의 머리카락 부분이 되는 인물상. 익룡발자국 형상이 눈과 입을 표시한다.

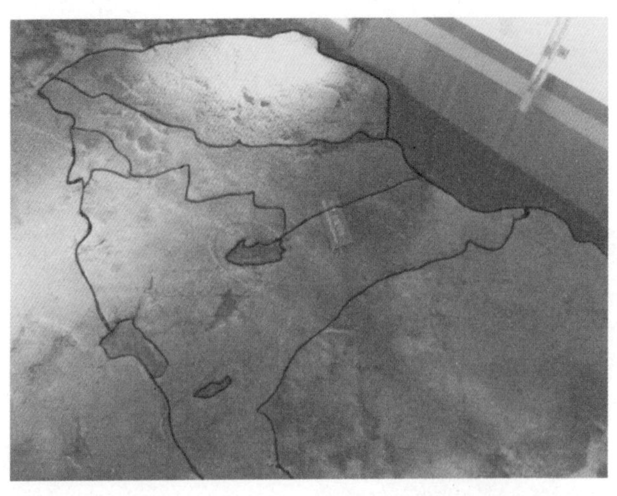

공룡들이 박물관을 빠져나오고 있다. 공룡발자국이 아니라는 것을 상징하는 듯하다.

4. 화순 서유리 공룡발자국화석지

정밀하게 바위 표면을 다듬은 듯하고 뚜렷하지는 않지만, 색깔로 형상을 표현하였다.

위의 바위 표면에 형상들이 새겨져 있다.

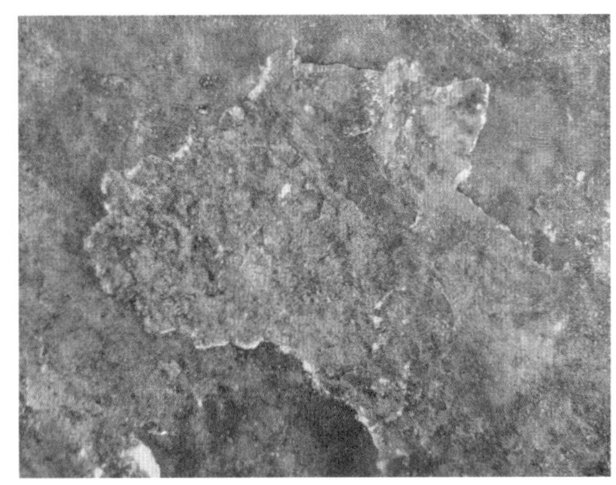

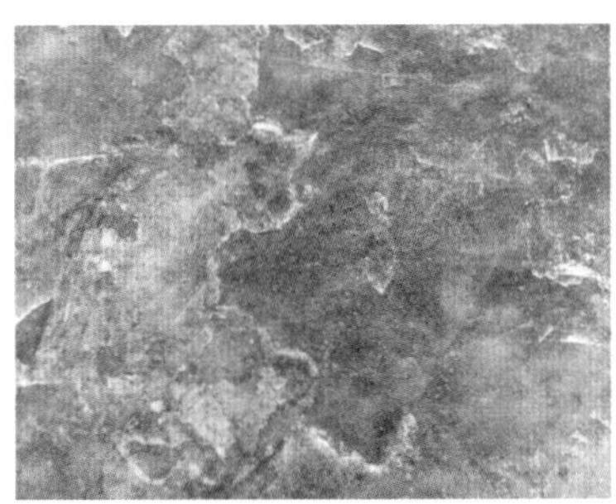

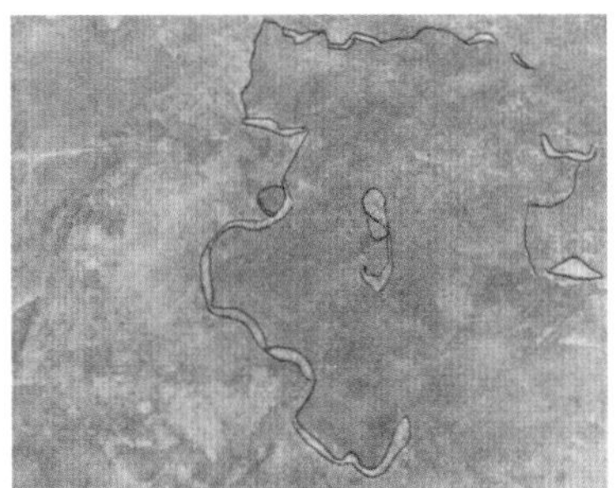

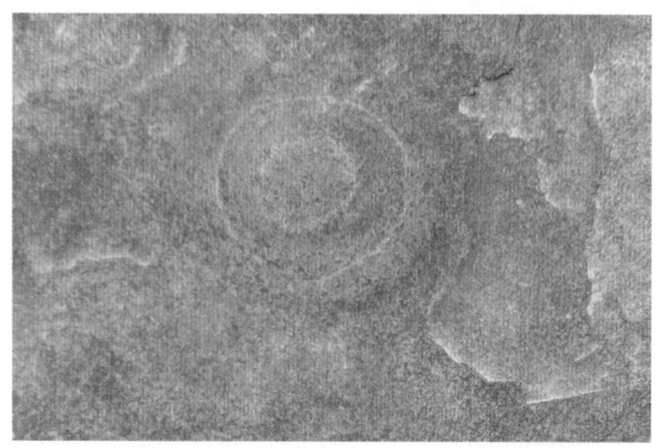

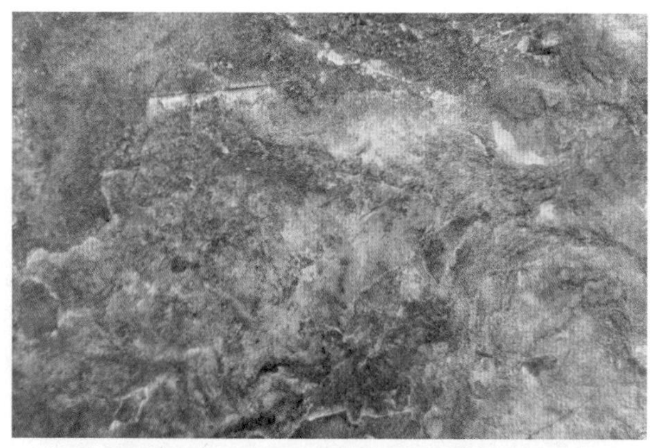

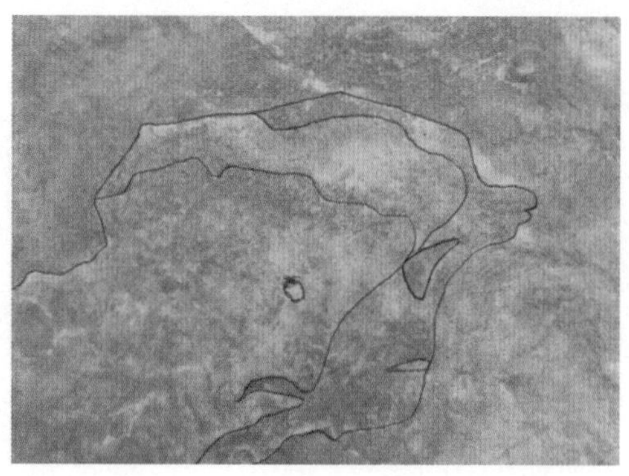

개발을 위한 공사가 진행되기 전에는 이곳이 화사한 색감의 얇은 판석으로 덮여 있었던 듯하다. 그림을 새기고 보호하기 위하여 덮었던 것일까?

지정로로만 다니게 되어있어 자세하게 살펴보지는 못하였지만 수많은 형상이 중첩되며 추상화처럼 새겨져 있을 것으로 생각한다.

5. 공룡발자국 형상의 의의

이상에서 보듯이 공룡발자국화석지로 알려진 곳에는 많은 생명형상이 나타나며, 선인들이 전면적으로 다듬은 것임을 알 수 있다. 공룡발자국 형태를 조성하여 공룡발자국처럼 보이게 한 이유는 무엇일까?

첫째, 공룡발자국 형태의 홈이 눈의 역할을 하여 생명상을 조성하기 위해서다.

둘째, 다양한 형태로 바위를 다듬어 생명형상을 표현해 놓은 유적지를 보호하는 기능이다.

실제로 화순 서유리 공룡발자국화석지는 온천을 개발하는 과정에서 공룡발자국이 발견되었고 공룡이 34m를 걸어간 흔적 등으로 인하여 유적지로 지정되었다. 공룡발자국이 발견되지 않았다면 이곳은 콘크리트로 덮였을 것이다. 이렇게 유적지가 보존되는 과정에서, 발자국을 발견하고 보고한 관련 전문가들의 역할이 컸을 것으로 생각한다.

이와 더불어 공룡발자국 형상을 새긴 가장 중요한 이유는, 사람이 행하였다는 것을 후손들로 하여금 알게 하려는 의도가 아닐까 한다. 공룡발자국의 화석화가 성립될 수 없고 자연적으로도 이런 형상이 형성될 수 없는 것이라면 인공적인 것이 될 수밖에 없기 때문이다.

이는 선인들이 생명형상을 새기고 있다는 것을 드러나게 하려는 일종의 장치일 것이다. 공룡발자국 형상을 조성한 이유는 결국 후손과 대화를 하기 위함인 듯하다. 이를 통하여 공룡발자국 형상이 나타난 부산 태종대 신선바위나 울주 천천리각석 앞쪽 암반 등이 모두 인위적으로 다듬어졌다는 것이 명확해지는 것이다.

태종대 신선바위의 공룡발자국이 생명형상을 나타내며, 이는 신선바위가 선인들에 의해 전면적으로 다듬어진 곳이라는 것을 알게 해 준다.

울주 천천리각석 앞쪽, 공룡발자국 형상이 나타난 곳이 평평하게 다듬어져 있다.

위 바위에 나타난 발자국 형상에 고인 물이 눈을 나타낸다.

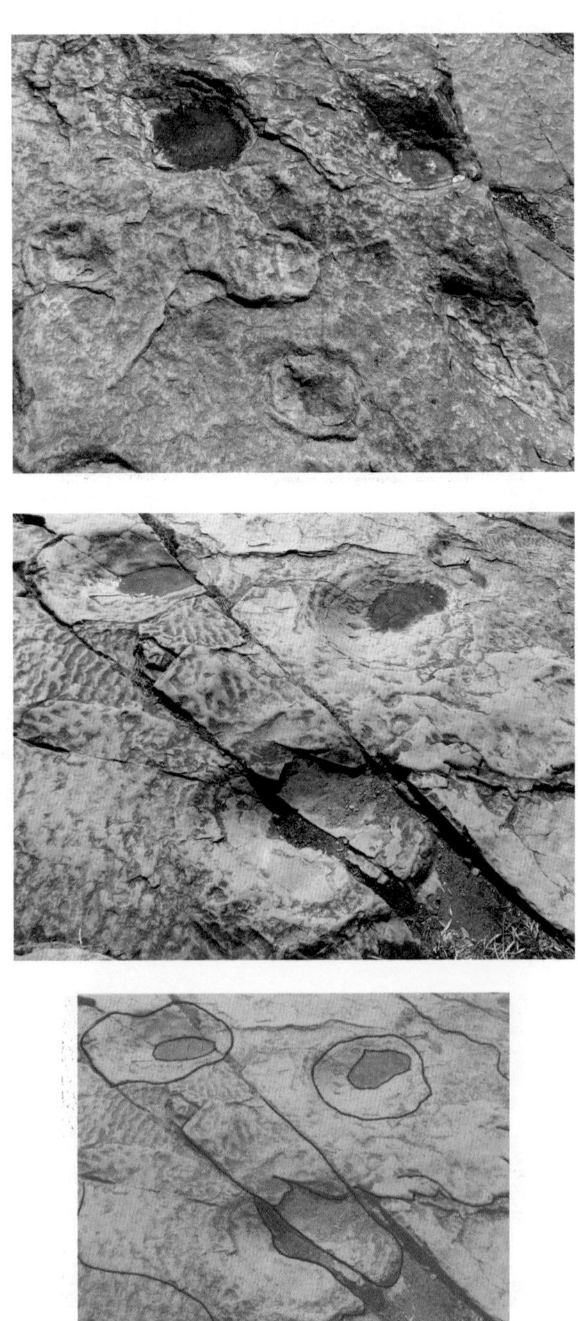

암벽의 큰 홈과 앞쪽에 놓인 바위가 두 눈을 나타내는 형상이다. 공룡발자국 형상은 조금은 불확실한 이 형상들이 선인들에 의하여 형성되었다는 것을 뒷받침하는 중요한 근거가 된다.

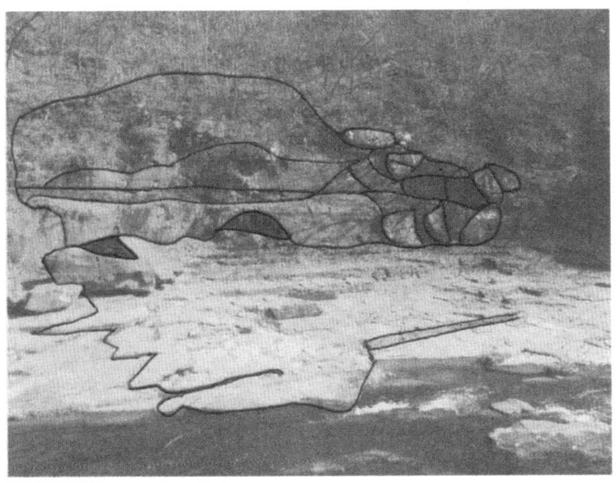

선인들이 여러 종류의 공룡발자국 형상을 남겼다면 공룡에 대해서 세세하게 알고 있었다는 것이 된다. 지질학에 의한 발견 이전에 선인들이 공룡에 대하여 알고 있었다는 것은 무엇을 의미할까?

우리나라에 공룡발자국 형상이 세계적인 규모로 많은 이유는 무엇일까? 이는 세계 고인돌의 절반 이상이 우리나라에 있는 것과 같은 이유일 것으로 판단된다.